# Bezauberndes Schweden

## Auf den Spuren von Inga Lindström

Bibliografische Information der Deutschen Bibliothek
Die Deutsche Bibliothek verzeichnet diese Publikation in der Deutschen Nationalbibliografie; detaillierte bibliografische Daten sind im Internet über http://dnb.ddb.de abrufbar.

Die Romane von Inga Lindström sind im Bastei Lübbe Taschenbücher Verlag erschienen.

Der Autor Dr. Claus Beling ist Gründer der ZDF-Inga-Lindström-Reihe. Als Hauptredaktionsleiter des ZDF ist er für Programmerfolge wie die *Rosamunde-Pilcher-Collection*, *Das Traumschiff* und den großen *ZDF-Sonntagsfilm* verantwortlich. Ebenfalls von Claus Beling sind in der Egmont vgs verlagsgesellschaft erschienen: *Bezauberndes Cornwall*, *Cornwalls Gartenparadiese* und *Leben und Genießen in Cornwall.*

Bildnachweis:
S. 110: Hub/laif; S. 115: Peter Schmidbauer © Malmö Tourism; S. 116 unten: Frederik Tellerup © Malmö Tourism; S. 117, 118 unten, 136 rechts: Jan-Erik Andersson © Malmö Tourism; S. 120: Alex Brandel © Malmö Tourism; S. 140 links und rechts, 141, 142 oben, 144 oben, 145, 148 unten: Abdruck mit freundlicher Erlaubnis von AB Göta kanalbolag; S. 146: Meier/laif.
Alle übrigen Fotos: Cornelis Gollhardt, Köln/
Stephan Wieland, Düsseldorf
www.cornelisgollhardt.de
www.foto-wieland.com



1. Auflage 2006

Produktion: Susanne Beeh
Umschlaggestaltung, Grafik und Satz: Christa Marek, Köln
Titelfotos: Cornelis Gollhardt, Köln/Stephan Wieland, Düsseldorf
Printed in Europe
ISBN 3-8025-1728-8
[ Ab 01.01.2007: ISBN 978-3-8025-1728-0 ]

Besuchen Sie unsere Homepage:
www.vgs.de

Claus Beling

# Bezauberndes Schweden

## Auf den Spuren von Inga Lindström

Fotos von Cornelis Gollhardt und Stephan Wieland

vgs EGMONT

# Willkommen im Land der Inga Lindström

# Willkommen im Land der Inga Lindström

*Das wunderbare Erlebnis, durch Schweden zu reisen und unter dem weiten Himmel des hohen Nordens eine der faszinierendsten Landschaften Europas kennenzulernen, hinterlässt in fast jedem unauslöschliche Erinnerungen.*

Anheimelnde rot-weiße Holzhäuser inmitten endloser gelber Rapsfelder, kleine Gehöfte zwischen blühenden Apfelbäumen, die Hügel und Wälder von Dalarna, die Klippen der Stockholmer Schären, die Fröhlichkeit der Mittsommernacht im Süden – wohin man auch schaut, ist Schweden ein Sehnsuchtsland und ein Ruhepol für die Sinne.

Die Vielfalt des Landes ist beeindruckend. Sowohl in geografischer als auch kultureller Hinsicht kann man auf knapp 450.000 Quadratkilometer Fläche viele spannende und unvergleichliche Entdeckungen machen – von der südlichsten Provinz Schonen mit ihren ausgelassenen Festen, prächtigen Herrensitzen, Parks und Gärten bis zum Norden Schwedens mit seiner atemberaubenden Natur. Die hellen Nächte der Mitternachtssonne über einsamen Fjorden bleiben jedem, der sie einmal erlebt hat, unvergesslich.

Die historische Aufteilung Schwedens, trotz einer Vielzahl von Provinzen auch heute noch gebräuchlich, orientiert sich über die ganze

*Vom Sonnenlicht durchflutete Birkenwälder, rote und gelbe Holzhäuser, der lange Steg am Ufer eines Fjords – Schweden ist Sehnsuchtsland und ein Ruhepol für die Sinne.*

nördlich gerichtete Länge des Landes an eben jenen geografischen und auch klimatischen Unterschieden:

Norrland ist das landschaftlich wilde, dünn besiedelte Schweden, wo Bären und Wölfe leben. Gebirgsmassive im Westen, reißende Flüsse, Tundren und das Marschland an der Küste kennzeichnen die beginnende Nähe zur Arktis. Das hier lebende Volk der Sámi, oft abfällig Lappen genannt, hat mit großen Rentierherden und als Jäger und Fischer überlebt. Ihr Schicksal ist in vielerlei Hinsicht mit dem der Indianer vergleichbar.

Svealand ist der mittlere Teil Schwedens, seenreich und hügelig, kulturell und verkehrstechnisch eng verbunden mit der Metropole Stockholm. Zu Svealand gehören das Mälargebiet, Uppland und Dalarna sowie Stockholms berühmte Schärenlandschaft. Zehntausende größerer und kleiner Inseln in der Ostsee bilden den so genannten Schärengarten vor Stockholms Haustür, von Wellen und Wind rund gewaschene Klippen, von denen einige bewohnt, andere nur von Vögeln und anderen Tieren der skandinavischen Faune bevölkert werden.

Götaland schließlich ist Südschweden. Dazu zählen die Provinz Schonen, Göteborg und auf der Ostseeseite die Insel Öland sowie das Gebiet um Vänernsee und Vätternsee. Hier ist Schweden am dichtesten besiedelt, hübsche kleine und größere Städte, beliebte Badeorte und zahllose Häfen laden im Sommer zum Verweilen ein.

Überhaupt ist es vor allem der Zauber des Sommers, der Schweden in so besonderem Licht leuchten lässt. Der Golfstrom, der die Gewässer

*Die Schweden sind bekannt für ihre Naturverbundenheit. Glücklich kann sich schätzen, wer an einem kleinen Fluss lebt. Dann ist das Boot ein selbstverständliches Fortbewegungsmittel, mit dem man zum Angeln fährt oder Freunde besucht.*

an den Küsten erwärmt, ermöglicht eine üppige Vegetation, die vor allem in Süd- und Mittelschweden reiche Früchte trägt. Die leuchtenden Kornfelder in Schonen sind ebenso berühmt wie Mälardalens blühende Wiesen und die Orchideen auf der Insel Öland.

Schweden ist ein Land für Auge und Herz, gerühmt von vielen Schriftstellern wegen seiner ungekünstelten, unkomplizierten Lebensart. Selma Lagerlöf und Astrid Lindgren, sicher aber auch Kurt Tucholsky als Wahlschwede und viele zeitgenössische Autoren haben unser Bild von dieser schwedischen Natürlichkeit mit geprägt, und auch idyllische Darstellungen des Landlebens von einem Maler wie Carl Larsson sind heute noch von nachhaltiger Wirkung.

Hand aufs Herz, so würden wir eigentlich gerne leben – wenn wir nur könnten. Dass ganz Schweden uns während der Sommermonate vorlebt, dass dies möglich ist, lässt unsere Sehnsucht nur noch wachsen. In kleinen oder großen Hütten und Sommerhäusern an den Seen und auf den Schäreninseln findet in dieser Zeit das wahre schwedische Leben statt. Familien treffen sich, man angelt und feiert, arbeitet im Garten oder repariert Stege und besucht mit dem Boot Freunde.

Diese Welt des Sommerglücks ist auch die Welt Inga Lindströms. Wer ihre Bücher liest, darf am schwedischen Sommer inmitten wunderschöner Landschaften teilhaben und an dem Leben ihrer Figuren, die der großen Liebe begegnen, in größte Zweifel oder Herzenskonflikte geraten und Schwierigkeiten bewältigen müssen. Zugleich sind es aber auch Figuren, die den unwiederbringlichen Augenblick

genießen und ihr Schicksal entschlossen in die Hand nehmen.

Die ZDF-Verfilmungen dieser Bücher faszinieren seit vielen Jahren Millionen Menschen. Mit großartigen Schauspielern und an den schwedischen Originalschauplätzen gedreht, fangen die opulenten Filme facettenreich jene Welt der Inga Lindström ein, für die Leser und Zuschauer die Autorin so verehren und lieben.

Das Kernland der Verfilmungen ist Svealand mit Stockholm, aber auch in Götaland haben viele Dreharbeiten für die Inga-Lindström-Reihe stattgefunden. Dass dabei dem Mälarsee und seiner weiteren Umgebung die ganz besondere Liebe der Regisseure und Kameraleute galt, hat einen guten Grund.

Der zwischen dem mittelschwedischen Binnenland und den Stockholmer Schären gelegene Mälarsee (Mälaren) repräsentiert gleichsam den Inbegriff von dem, was wir mit Schweden verbinden. Die einsamen, oft sehr idyllischen Bauernhöfe in dem typischen dunklen Rot mit weiß eingefassten Fenstern und Türen wirken einladend und freundlich. Selbst die Scheunen vermögen den Blick des Betrachters auf sich zu ziehen, ihre alten Balken,

*Die Dreharbeiten für die Inga-Lindström-Filme finden an den Originalschauplätzen statt. Hier wird in der idyllischen Kleinstadt Trosa vor der Buchhandlung eine Szene geprobt.*

im Verlauf vieler Generationen Dutzende Male überstrichen, trotzen fröhlich Wind und Wetter. Kleine Bootshäuser, umgeben von Schilfwiesen, erheben sich über dem Wasser, während Vögel über den See ziehen. Und nur eine halbe oder eine Bootsstunde entfernt lockt das „Venedig des Nordens“ – die sympathische Küstenmetropole Stockholm.

So wie diese Mischung aus ländlicher Romantik und städtischem Flair seit jeher für Reisende aus aller Welt attraktiv ist, so sehr eignet sie sich auch für die Verfilmungen der Inga-Lindström-Bücher. Nicht zuletzt die Liebenswürdigkeit und Aufgeschlossenheit der Menschen in dieser Region machen es leicht, hier den Worten von Inga Lindström in filmischer Weise Gestalt zu geben:

„Nach Schweden zu kommen heißt für mich jedes Mal, einzutauchen in eine üppige Natur, in die leuchtenden Farben der Sommerwiesen, in den überwältigenden Duft blühender Gärten, und vor allem in jene geheimnisvolle Mittsommernachtsstimmungen, die aus der perfekten Verbindung von Licht und Wasser entstehen. Es gibt vieles, was Schweden einzigartig macht, die Schärenlandschaft um Stockholm, die zu jeder Jahreszeit ein anderes Bild bietet, die karge Weite des Nordens, in der man dem Elch und dem Bären begegnen kann, die liebliche Freundlichkeit des Südens, wo man den Träumen seiner Kindheit nachspüren kann. Schweden ist für mich intakte Natur ebenso wie vitale Großstadt, ist Tradition und gleichermaßen Moderne. Und es ist ein Land, in dem mir die Menschen mit liebenswürdiger Offenheit begegnen, herzlich, freundlich, tolerant.“

*Elche sind überaus scheue Tiere und streifen als Einzelgänger durch die Wälder und Sumpfgebiete.*

# Der Elch – In der Ruhe liegt die Kraft

Wer zum ersten Mal durch Schweden reist, wartet gewiss sehnsüchtig auf eine Begegnung mit einem Elch. Diese Riesen unter den Hirschen erreichen eine Schulterhöhe von bis zu 2,30 Meter und eine Länge von etwa 3,00 Meter. Die gewaltigen schaufelförmigen Geweihe der männlichen Tiere können eine Spannweite von maximal 2,00 Meter haben. So ist dann auch der Respekt, den man einem leibhaftigen Elch gegenüber empfindet, meist größer, als man es vorher vermutet hat. Auf merkwürdig hohen, staksigen Beinen, die scheinbar in keiner Relation zu dem massigen Körper stehen, bewegen sich Elche in aller Ruhe zu ihren Lieblingsplätzen, vor allem Seen und Sümpfe, wo sie Wasserpflanzen fressen. Auch Blätter und Zweige von Bäumen sind begehrt, während das Grasen am Boden für den Elch eher etwas mühsam ist, weil er dafür wie eine Giraffe die Beine spreizen oder sich sogar auf die Knie begeben muss. Sieht man die vor allem in der Dämmerung aktiven Tiere mit viel Glück aus einem Gebüsch oder einem Gewässer herausragen – oft nicht mehr als das riesige Geweih –, könnte man sie für schwerfällig und plump halten. Doch der Eindruck täuscht: Mit Sprüngen von bis zu 3,50 Meter besitzen Elche sozusagen Siebenmeilenstiefel, und sie sind blitzschnell.

Der Aufenthalt im Wasser hat für den liebenswerten Koloss außerdem den Vorteil, dass er dort weit mehr als zu Lande vor Insekten geschützt ist. Wenn er danach in den Sommermonaten gegen Abend auf dem angenehm warmen Asphalt der Landstraßen herumspaziert, weil es auch hier weniger stechendes Ungeziefer gibt, ist allerdings für Verkehrsteilnehmer Vorsicht geboten. Kollisionen mit Elchen sind als Gefahrenquelle nicht zu unterschätzen und in Schweden Ursache vieler Unfälle – oft zu Ungunsten des Autofahrers.

In Schweden leben etwa 300.000 bis 400.000 Elche, die im gesamten Land verbreitet sind. Nach einer Tragezeit von neun Monaten bringt die Kuh ein bis zwei, selten auch drei Kälber zur Welt. Da die Tiere außer den Bären und Wölfen im hohen Norden kaum natürliche Feinde haben, muss darauf geachtet werden, dass ihre Vermehrung nicht überhandnimmt, weil sie in ländlichen Gebieten durchaus ein Problem darstellen können. So verursachen sie Forstschäden und machen auch vor den Feldern der Bauern nicht halt.

Jedes Jahr werden bei herbstlichen Elchjagden landesweit etwa 100.000 Tiere geschossen. Das Fleisch gilt in Schweden als Delikatesse und wird unter anderem als köstlicher Schinken angeboten, den man in vielen Restaurants probieren kann.

# Die Schlösser des Mälarsees

*Die prachtvollen Schlösser und Herrenhäuser, die man auf einer Reise rund um den westlich von Stockholm gelegenen Mälarsee (Mälaren) entdecken kann, gehören zu den berühmtesten Landsitzen Schwedens. Mehr als hundert der schönsten und beeindruckendsten „Herrgårds" (Herrenhöfe) und Schlösser liegen verstreut in dieser Region – meist umgeben von verwunschenen Parks, Eichenwäldern und bunten Wiesen. Ihre Lage am Wasser oder auf einem Hügel mit dem Blick über das ganze Land gleicht geradezu dem Ort, an dem eine Königin residiert.*

*An ihrer Stelle standen hier und dort einst Burgen, die, wie in anderen Teilen Europas auch, als Verteidigungsanlagen dienten. Später entstanden daraus Schlösser im Stil des französischen Rokokos oder des nordischen Barocks. Für viele Herrenhäuser wurde als Baumaterial neben Stein auch Holz verwendet, was ihrer äußeren Erscheinung jede Art von Schwere nimmt und sehr anheimelnd wirkt.*

*Und noch etwas ist all diesen Gebäuden gemein: die Klarheit der architektonischen Formen, die schlichte, doch trotzdem strahlende Farbgebung der Fassaden und die harmonische Einbindung in die Natur. Blühende Gärten und, vor allem auf dem Gelände der Herrenhöfe, eine gewisse Weitläufigkeit gehören zum landschaftlichen Erscheinungsbild und geben dem Besucher eine Ahnung vom schwedischen Landleben vergangener Zeiten ...*

*Die Reise zu den Schauplätzen der Inga-Lindström-Verfilmungen beginnt aus gutem Grund am romantischen Mälarsee, denn in dieser abwechslungsreichen Region boten sich zahlreiche Motive, die den Vorstellungen des Filmteams auf ideale Weise entsprachen.*

# Schloss Gripsholm und Mariefred

*Erstes Ziel der Tour ist eines der bekanntesten Bauwerke Schwedens, das man nicht nur auf dem Landwege erreichen kann, sondern in den Sommermonaten auch vom Wasser aus – ein Erlebnis der besonderen Art, das am Kai in Stockholm seinen Anfang nimmt.*

Der 1903 erbaute Dampfer „Mariefred“ tuckert und stampft über den Mälarsee, vorbei an unzähligen kleinen Inseln. Überall an den Ufern stehen die Sommerhäuser der Stockholmer hoch oben über den Klippen oder auf saftigen Wiesen und unter ausladenden Bäumen direkt am Wasser. Man genießt den Ausblick von Bord und hat das Gefühl, gleich zu Beginn seiner Reise ein Eroberer zu sein, der neues Land in einem flussreichen Delta erkundet.

Doch wir befinden uns tatsächlich auf einem See, wenn auch auf einem, der mit einigen Besonderheiten aufwartet. Der Mälaren, bis zum 12. Jahrhundert eine Ostseebucht, erstreckt sich mehr als hundert Kilometer weit nach Westen ins Landesinnere, während er an seiner östlichen Seite ins Meer mündet. Eine Schleuse mitten in Stockholm verhindert, dass sich sein Süßwasser und das Salzwasser der Ostsee schon vorher vermischen. Oft erscheint der Mälarsee in unmittelbarer Nähe zu Stockholm zerklüftet und mit Inseln übersät wie die Schären selbst, doch die Landschaft entlang seinen Ufern wird immer sanfter und vegetationsreicher, je weiter man nach Westen gelangt.

*Die Ursprünge des Schlossparks reichen ins 16. Jahrhundert zurück. Wie damals gibt es auch heute Gärten, in denen Kräuter gezogen und Äpfel geerntet werden. Mit Blumen aus den Gewächshäusern wrden die Räume des Schlosses geschmückt.*

Der berühmteste Ort, der wie kaum ein anderer eine kulturelle Brücke zwischen Schweden und Deutschland schlägt, heißt Mariefred. Hier steht Schloss Gripsholm, von Kurt Tucholsky in seinem gleichnamigen Roman literarisch verewigt und bis heute Pilgerstätte vieler Besucher aus Deutschland, so wie es überhaupt zu den meistbesuchten historischen Sehenswürdigkeiten des Landes gehört.

Das Schloss selbst steht gegenüber dem idyllischen Ausflugsort auf einer Halbinsel im See. Um 1380 wurde an dieser Stelle eine Burg errichtet, die Ende des 15. Jahrhunderts in den Besitz eines Klosters mit dem lateinischen Namen Pax Mariae (daher der Name Mariefred) gelangte. 1527 von der Krone eingezogen, begann unter König Gustav Vasa ein Jahrzehnt später auf den Resten der einstigen Burg der Bau des imposanten Backsteingebäudes, das schließlich zum Schloss erweitert wurde. Mit Zugbrücke, Burghof und vielen geschichtsträchtigen Räumen, darunter der Reichssaal im zweiten Stock, erinnert Schloss Gripsholm an die große schwedische Geschichte. Hier ist auch die mit über 4000 historischen Gemälden größte Porträtsammlung des Landes beheimatet. Auf jeden Fall sollte man einen Blick in das 1782 entstandene kreisförmige Theater Gustavs III. werfen, das sich im dritten Stock des Schlosses befindet und die Besucher in Staunen versetzt. Nachdem das obligatorische Foto an den beiden alten Kanonen geschossen wurde, empfiehlt sich ein Spaziergang durch den herrlichen

*In Mariefred, der idyllischen Kleinstadt am Mälarsee, verspürt man nicht selten das Gefühl, die Zeit sei vor langem stehen geblieben. So auch am Bahnhof, in den schnaufend und dampfend die alte Schmalspurbahn einfährt.*

Schlosspark und ein Besuch des nostalgischen Bahnhofs mit der alten Dampfbahn, die ebenso beliebt ist wie das Schloss selbst.

In Tucholskys Sommergeschichte, die Gripsholm so berühmt gemacht hat, vermittelt sich auf meisterhafte Weise die liebenswerte Atmosphäre Mariefreds mit seinen bunten Häusern am Wasser, den schmalen, mitunter blumengeschmückten Gassen und dem lebendigen Treiben an den Anlegestellen. Und wenn die Füße allmählich müde werden, laden Straßencafés, das „Strand Restaurangen", das traditionsreiche Hotel „Gripsholms Värdshus" und andere Lokale zur Einkehr ein.

Die Schauspieler und das Filmteam haben die Stadt immer wieder als „Ausgangsbasis" für Dreharbeiten in der Region genutzt. Statt über Autobahn und Landstraße zu fahren, wurden die Schauspieler oft mit dem Boot von und nach Stockholm oder an andere Drehorte gebracht, womit nicht zuletzt wertvolle Zeit gespart werden konnte. Vor allem für den Film „Das Geheimnis von Svenaholm" war Mariefred ein wichtiger Schauplatz. Viele der gedrehten Straßenszenen spiegeln das wahre Leben in dieser Kleinstadt am See wider. Aber auch die Produktion „Auf den Spuren der Liebe" war zum Teil in Mariefred und Umgebung angesiedelt.

# Drehort: Auf den Spuren der Liebe

Dass sich viele der deutschen Schauspieler gerade zu der Naturkulisse des Mälarsees hingezogen fühlten, hat zweifellos auch mit dem großen Kurt Tucholsky zu tun. Sein 1931 erschienenes „Schloss Gripsholm“ ist nicht nur eines der schönsten literarischen Werke dieser Zeit überhaupt, es erzählt auch sehr viel über die große Liebe des Schriftstellers zu Schweden. Er verbrachte 1929 die Sommermonate in Mariefred, bis er schließlich als dauerhaften Aufenthaltsort die Villa Nedsjölund in Hindås bei Göteborg mietete. Aus seiner puren Freude am Land wurde jedoch 1933 die Not des Exils: Tucholsky wurde ausgebürgert und musste in Schweden bleiben. Krank und unglücklich beging er 1935 Selbstmord.

„Schloss Gripshom“ bleibt eines seiner anrührendsten Vermächtnisse. Tucholskys Grab befindet sich auf dem Friedhof von Mariefred in unmittelbarer Nähe des Schlosses.

# Strängnäs, Schloss Mälsåker und Julita Gård

*Die Reise geht weiter in nordwestlicher Richtung zum alten Bischofssitz Strängnäs.*

Wer in Strängnäs an der berühmten gotische Kathedrale Domkyrkan, die als schönste Kirche Schwedens gilt, vorbeischlendert und die geradezu pittoresken Holzhäuser in ihrer Umgebung bewundert, der spürt sogleich, dass diese Stadt, die schon den Wikingern als Kultplatz galt, einen Rundgang wert ist. Hier wurde Gustav I. aus dem Haus der Vasa 1523 zum König ausgerufen, und so ist das historische Bischofspalais mit dem Reichssaal bis heute für die schwedische Geschichte von besonderem Wert.

Auch Strängnäs war dank seines Charmes und der idyllischen Lage am Ufer des Mälarsees mehrere Male Drehort für die Lindström-Verfilmungen. Von dort aus lohnt sich ein Abstecher auf die größte Insel des Sees, Selaön, die über eine Straße bequem erreicht werden kann. Eine Fahrt durch das Inselinnere ist ein besonderes Erlebnis, zumal auch hier viele beachtenswerte Zeugnisse der schwedischen Geschichte – wie etwa zahlreiche Runensteine – zu finden sind. Außerdem steht hier in besonders reizvoller Lage am Ufer des Sees Mälsåkers Slott, das zu den schönsten Barockschlössern Schwedens gehört. Seine Ursprünge liegen im Mittelalter, doch seine heutige Form erhielt es in den 1670er Jahren durch den berühmten königlichen Architekten

*Der stattliche Dom von Strängnäs steht auf eine Anhöhe und ist schon von weitem zu sehen, wenn man sich dem kleinen Städtchen am Ufer des Mälarsees nähert. Die Häuser rund um die Kirche blieben zum Glück verschont, als 1871 der Ort in Flammen stand.*

Nicodemus Tessin den Älteren (1615–1681). In einer kalten Winternacht des Januars 1945, als besonders kräftig geheizt wurde, geriet das Gebäude in Brand, wobei unter anderem das gesamte Dach zerstört wurde. Dank umfangreicher Restaurierungsmaßnahmen erstrahlt es heute wieder im alten Glanz. Das Innere von Schloss Mälsåker kann man nur bei Führungen besichtigen, die über die Touristenbüros in Strängnäs und Mariefred organisiert werden. Ein Spaziergang über das Gelände, möglichst im Sonnenschein, wenn das helle Gelb der Fassaden besonders strahlt, ist aber gewiss ebenso vergnüglich.

Auf dem Weg nach Eskilstuna liegt nördlich der Hauptstraße (ausgeschildert) ein weiterer Höhepunkt der Reise: der Sigurdsristning aus dem 11. Jahrhundert, ein Stein zum Gedenken an einen Verstorbenen; die Ritzungen darauf zeigen Sigurds Kampf mit dem Drachen.

Nur eine Viertelstunde Fußweg davon entfernt befindet sich ein weiteres Schloss, Sundbyholms Slott Das herrschaftliche Anwesen aus dem 17. Jahrhundert ist heute, wie übrigens sehr viele andere Herrenhäuser in Schweden, ein Konferenz- und Tagungszentrum. Die herrlichen Buchenwälder in seiner direkten Umgebung sind jedoch ein reizvolles Gebiet zum Wandern.

Auch eine Stippvisite in der benachbarten Kleinstadt Torshälla lohnt sich. Hier hat der berühmte Dichter Carl Michael Bellman im 18. Jahrhundert viele seiner Lieder geschrieben, die er oft auch selbst

*Mälsåker Slott, dessen klare Formen und hellgelbe Fassaden sich vom tiefem Blau des Sommerhimmels abheben, gehört zu den schönsten Barockschlössern Schwedens, die mit großer Sorgfalt instand gehalten werden.*

vertonte. Wer eine kleine Zeitreise unternehmen möchte, um eine Vorstellung von Bellmans Welt zu gewinnen, der bummelt einfach mit offenen Augen über das Kopfsteinpflaster durch die Gassen mit den typischen farbig gestrichenen Holzhäusern oder bewundert die Fresken in der eindrucksvollen Kirche von Torshälla.

Das Mälargebiet ist gerade deshalb so faszinierend und abwechslungsreich für den Reisenden, weil hier historische Plätze und unberührte Natur nah beieinanderliegen. Selbst Orte von großer Bedeutung verbergen sich oft unauffällig in den Wäldern und Weiten der wasserreichen Region. Schweden gibt sich bescheiden, es stapelt tief und nicht hoch, eine liebenswerte Eigenschaft, die das Land so sympathisch macht.

Eine unvergessliche Attraktion, die das einstige Landleben im Mälargebiet besonders realistisch darstellt, ist das größte Freilichtmuseum der Welt, Julita Gård, südwestlich der großen Gemeinde Eskilstuna bei Äsköping am Oljärensee gelegen. Das Anwesen, heute im Besitz eines Stockholmer Museums, ist aus einem mittelalterlichen Kloster hervorgegangen und wurde später als königliches Gut genutzt. Zu der Anlage gehören neben zahlreichen historischen Häusern und anderen Gebäuden aus der Region ein traumhaft schöner Park mit uraltem Baumbestand und Gärten, deren üppige Pracht Julita Gård zu einem wahren Juwel macht.

Hier werden auch seltene Nutztierrassen gezüchtet, außerdem erfahren die Besucher in einem Molkereimuseum alles über die Tradition der Milchverarbeitung. Kinder erwartet in Julita Gård ein ganz besonderes Erlebnis: das Haus vom alten Pettersson und seinem Kater Findus, die durch die liebevoll illustrierten Kinderbücher des Autors Sven Nordqvist weit über die Landesgrenzen hinaus berühmt geworden sind.

Julita Gård ist ein Ort, an dem alte Traditionen lebendig gehalten werden und die Liebe der Skandinavier zu ihrer reichen Natur zum Ausdruck kommt. Hier kann man das Sehnsuchtsland Inga Lindströms in seiner vielleicht schönsten Form entdecken – zwischen Blumen, knorrigen, windschiefen Bäumen und dem Duft der Wiesen.

# Schloss Strömsholm und Västerås

*Wenige Kilometer südwestlich von Västerås liegt in einer ausgedehnten Parkanlage Schloss Strömsholm, ein leuchtend gelber Barockbau, der genau an der Stelle errichtet wurde, wo der Fluss Kölbäck in den Mälarsee mündet.*

Um 1550 unter Gustav Vasa zunächst als Festung erbaut, erhielt die Anlage ein gutes Jahrhundert später ihr heutiges Aussehen durch den viel beschäftigten Architekten Nicodemus Tessin den Älteren. Der Mittelbau ist von vier mächtigen Türmen eingefasst, darüber erhebt sich eine große Dachkuppel. Unter dem Einfluss des französischen Barocks und später im neoklassizistischen Stil, wie er heute dominiert, gewann dieses Mälarschloss eine architektonische Perfektion, die sich auch in der Gestaltung des Inneren offenbart.

Während der Sommermonate kann Strömsholm täglich besichtigt werden. Die Ausstattung der Räume ist noch so erhalten, wie sie 1766 von Gustav III. als Hochzeitsgeschenk für Sofia Magdalena bei seinem Architekten Carl Frederik Adelcrantz in Auftrag gegeben wurde. Besonders das Schlafzimmer mit rotem Himmelbett, Holzdielen sowie grau-weiß lackierten Türen und Wandschränken gibt einen authentischen Eindruck vom Geschmack der gustavianischen Zeit.

Strömsholm war nie dauerhafte Residenz der königlichen Familie. Das Anwesen wurde im Laufe der Jahrhunderte verschiedenen Königinnen zur Hochzeit geschenkt oder diente ihnen als Wohnsitz,

*Welche Königin wird sich nicht glücklich geschätzt haben, wenn ihr zur Hochzeit eine so traumhaft gelegene Residenz zum Geschenk gemacht wurde? Auf Schloss Strömsholm widmete sich so manche adlige Dame mit großer Hingabe der Gestaltung des Parks und der Gärten – eine gewiss sehr erfüllende Beschäftigung, die bis in die Gegenwart ihre Spuren hinterlassen hat.*

nachdem die werten Gatten verblichen waren. Besonders am Herzen lagen diesen Damen offenbar der Park und die Gärten, die sie immer wieder in Zusammenarbeit mit Architekten und Gärtnern um- und neu gestalten ließen. Wer sich intensiver mit dieser Geschichte befassen möchte, sollte die im Schloss untergebrachte Ausstellung nicht verpassen. Und vielleicht ist dem Besucher ja sogar das Glück beschert, eines der vielen im Sommer unter freiem Himmel stattfindenden Konzerte mitzuerleben.

Neben Park und Gärten, die das ganze Jahr hindurch geöffnet sind, steht auch die romantische Schlosskapelle allen offen, die als Paar vor den Traualtar treten oder ein Kind taufen lassen wollen.

Nicht zuletzt gilt Strömsholm in Schweden bereits seit Gustav Vasas Zeiten als Hochburg der Pferdezucht, und bis 1968 befand sich hier die militärische Reitschule. Noch heute werden auf dem Gelände Pferderennen und Reitturniere veranstaltet.

Västerås, am westlichen Ende des Mälarsees gelegen, ist mit dem größten Binnenhafen des Landes eine echte Großstadt. Obwohl hier viel Industrie angesiedelt ist, lohnt sich ein Halt, denn der Ort besitzt so manche Sehenswürdigkeit. Bereits die Wikinger nutzten die breite Bucht als Siedlung und Handelsplatz, später wurde die Stadt zum Bischofs- und Münzsitz erhoben. Ihre Vergangenheit als Münzstätte trat 1972 wortwörtlich zutage, als man bei Ausgrabungen unter dem

*Bereits Gustav Vasa gründete auf Schloss Strömsholm ein Gestüt und bis heute sind Pferde mit diesem Ort untrennbar verbunden. Hier befindet sich das nationale Reitsportzentrum, das sich als Paradies für Pferde und deren Liebhaber bezeichnet. In der „Ridskolan“ werden unter anderem Turnierreiter und Pferdepfleger ausgebildet. Die Tiere wiederum genießen in ihrer Freizeit das Grasen auf saftigen Wiesen mit Blick auf den See.*

Marktplatz einen gewaltigen Schatz – 18.000 alte Silbermünzen – fand, die heute im Landesmuseum besichtigt werden können, das sich im Stadtschloss befindet. Bei einem Spaziergang lassen besonders die alten Holzhäuser in der Umgebung des gotischen Doms ahnen, wie die Stadt Jahrhunderte zuvor ausgesehen hat.

Ein Ausflug in die nördlich von Västerås gelegene Gemeinde Sala führt im wahrsten Sinne des Wortes zu einem weiteren Schatz der Gegend – zu einer Silbermine, die im Mittelalter zu den ertragreichsten der Welt zählte. Führungen unter Tage und Erkundungen auf dem einstigen Minengelände versprechen für Groß und Klein sowohl spannende als auch lehrreiche Erlebnisse.

Etwa 15 Kilometer südlich von Västerås, an einer Bucht des Mälarsees gelegen, kann man einen weiteren eindrucksvollen Landsitz, Schloss Tidö, besuchen. Axel Oxenstierna (1583–1654), einflussreicher Reichskanzler unter König Gustav II. Adolf, ließ den Bau errichten, der seitdem kaum verändert wurde und wie nur wenige andere das 17. Jahrhundert repräsentiert. Obwohl inzwischen in Privatbesitz, sind Besichtigungen der Räume möglich. Außerdem kann man sich in Tidö eine bedeutende Spielzeugsammlung mit Exponaten aus der ganzen Welt anschauen. Und im dazugehörigen Park, der im Stil eines englischen Gartens angelegt ist, lädt ein Gasthaus zur Einkehr ein.

*Schweden ist ein wahres Paradies für alle Naturfreunde, die dort dank des Jedermannsrechts nahezu unbeschränkt die Landschaften per Boot auf den Flüssen und Seen oder mit Rucksack und Wanderschuhen erkunden können.*

# Mit Kanu und Zelt unterwegs – Das Jedermannsrecht

Für Kanufreunde aus aller Welt, die den Mälarsee auf ihre Weise erkunden wollen, bietet gerade die Region um Tidö-Lindö zahlreiche Möglichkeiten. Weil der Mälarsee mit seiner Schärenatmosphäre oft an Meeresgewässer erinnert, sind Wind und Wellen dort nicht zu unterschätzen. Doch die Schweden sind begeisterte Kanuten und brechen gerne zu mehrtägigen Touren mit voll bepacktem Kanu oder im schnittigen Kajak auf. Man kampiert, wo es einem gefällt, angelt sich sein Abendessen aus dem See und grillt nachts am Ufer.

Das Jedermannsrecht („Allemansrätt") ist Schwedens stolzes Vermächtnis aus alter Zeit, an dem bis heute festgehalten wird. Es gestattet jedem, sich überall frei zu bewegen und die Natur für eigene Bedürfnisse zu nutzen. Zelten ist für eine Nacht erlaubt, in der Wildnis auch länger (außer in Naturschutzgebieten). Baden, Boot fahren und das Betreten von Land sind überall gestattet (auch hier gilt: außer in Schutzgebieten). Bei Wiesen und Feldern muss darauf geachtet werden, dass man dort, zum Beispiel während der Ernte, keinen Schaden anrichtet. Offene Feuer bedürfen selbstverständlich besonderer Vorsicht und können wegen Brandgefahr zeitweise regional verboten werden.

So ist das Jedermannsrecht bei näherem Hinsehen also eher ein psychologischer Freibrief. Der Weite des Landes entsprechend vermittelt es ein durchaus angenehmes Gefühl von Freiheit. Natürlich ist auch in Schweden Privateigentum geschützt, und Grundstücke, Häuser und Scheunen dürfen nicht ohne Erlaubnis betreten werden.

Naturfreunde können sich auch auf einem der zahlreichen erstklassigen Campingplätze niederlassen und von dort aus alle Provinzen bis hoch in den Norden erkunden. Mit Booten jeder Art sind die Seen im ganzen Land selbst über große Entfernungen hinweg befahrbar, ein Vergnügen, das man im Sommer mit Tausenden Schweden teilt. Oft sind Segel- und Motorboote sogar die einzige Möglichkeit, um von Holzhaus zu Holzhaus und zu Familienangehörigen und Freunden zu gelangen.

# Schloss Grönsöö und Enköping

*Die kleine Stadt Enköping, an einem in den Mälarsee mündenden Fluss gelegen, gehört zu den ältesten Gemeinden des Landes.*

Schon auf den ersten Blick erscheint sie liebenswert und mit Bedacht gepflegt, was gewiss nicht zuletzt mit einer ihrer Hauptattraktionen zu tun hat: Enköping zählt über ein Dutzend kleiner und größerer Parks, deren Blumenpracht miteinander zu wetteifern scheint. Sie alle liegen in einem Umkreis von nur achthundert Metern. Deshalb bietet es sich geradezu an, an einer Führung unter fachkundiger Leitung teilzunehmen und alles über ihre außergewöhnliche Flora zu erfahren. So kann man zum Beispiel im Klosterpark, der sich auf dem Gelände eines ehemaligen Franziskanerkonvents aus dem 14. Jahrhundert befindet, viele seltene Pflanzen entdecken.

Der nicht weit entfernte Ort Härkeberga genießt wegen seiner frühgotischen Kirche Bekanntheit. In ihrem Inneren kann man sehr seltene Kalk-Wandmalereien aus dem 15. Jahrhundert bewundern. Sie stammen von Albertus Pictor, Schwedens berühmtem Kirchenmaler.

Folgt man in südlicher Richtung der Straße nach Lillkyrka, erreicht man bald einen weiteren Höhepunkt der Reise: Schloss Grönsöö, das sehr malerisch auf einer Anhöhe am Mälarsee liegt. Im frühen 17. Jahrhundert errichtet, wurde der Bau von seinen verschiedenen Besitzern immer wieder verändert und erhielt erst rund zweihundert Jahre später das Erscheinungsbild, das sich dem heutigen Besucher

*Das 1611 erbaute Schloss Grönsöö bietet sowohl Kunstliebhabern als auch Gartenfreunden zahlreiche Sehenswürdigkeiten. Viele der Bäume sind bereits um 1750 gepflanzt worden. Im späten 18. Jahrhundert wurde am Seeufer die zauberhafte chinesische Pagode errichtet, die im Inneren mit Muscheln und Mineralien ausgeschmückt ist.*

bietet. Das Schloss mit dem dazugehörigen 720 Hektar großen Gelände befindet sich seit 1820 im Besitz der einflussreichen schwedischen Familie von Ehrenheim, die hier auch heutzutage Land- und Forstwirtschaft betreibt und das Anwesen noch immer selbst bewohnt.

Die herrschaftliche Architektur des Hauptgebäudes fügt sich perfekt in die große Parkanlage ein, in der fünf Epochen schwedischer Gartenbauhistorie auf harmonische Weise vereint sind. Viele der Bäume und Hecken sind bereits in der Zeit von 1750 bis 1760 gepflanzt worden und haben gleichsam als stumme Zeugen die lange Baugeschichte des Schlosses unbeschadet miterlebt. Neben heimischen Gewächsen gedeihen hier auch exotische Pflanzen wie Limonenbäume und Zypressen.

Ein Spaziergang über das romantisch anmutende Gelände am Ufer veranschaulicht im Kleinen, was für viele Regionen Schwedens gilt: Die Landschaft präsentiert sich in einer ungeheuren Vielfalt. Und sie ist reich an Überraschungen. Kleine, manchmal völlig unscheinbare Wege führen unverhofft zu prächtigen Herrenhäusern, die sich am Ende einer Baumallee hinter Mauern verstecken. Bauernhöfe und kleine Weiler, die an Astrid Lindgrens Bullerbü und Lönneberga denken lassen, leuchten plötzlich inmitten von Feldern und Wiesen hervor, als wollten sie nur entdeckt werden von dem, der sich an dieser Idylle erfreut.

Eine Reise durch Schweden bedeutet deshalb auch, für all jene Orte offene Augen zu haben, die abseits der großen Straßen oder auch halb verborgen am Wegesrand liegen. Genau davon zeugen die Inga-Lindström-Verfilmungen, denn nur so war es möglich, immer wieder neue, stimmungsvolle Motive zu finden.

*An einem Nachmittag im Sommer am Wasser sitzen, das Glitzern des Sonnenlichts auf den kleinen Wellen anschauen, die Seele baumeln lassen …*

# Schloss Skokloster und Sigtuna

*Als für die ersten beiden Lindström-Filme, „Sehnsucht nach Marielund“ und „Wind über den Schären“, nach der schönsten Kleinstadt Schwedens gesucht wurde, die zudem auf eine lange Geschichte zurückblicken kann, erwies sich Sigtuna als idealer Drehort.*

Allein schon die Lage des Städtchens an einem Seitenarm des Mälarsees vermittelt eine wohlige Romantik. Die malerischen, verwinkelten Sträßchen mit ihren farbenfrohen Holzhäusern erinnern an die Welt der Pippi Langstrumpf. Kleine Geschäfte und Boutiquen laden zum gemütlichen Bummeln ein, Blumen schmücken die Fassaden, hier und dort kann man einen Blick in idyllische Innenhöfe werfen.

Bei einem Spaziergang durch die freundliche kleine Fußgängerzone Stora Gatan und ihre Nebengassen ahnt man die frühere Bedeutung Sigtunas, das einst die erste Hauptstadt Schwedens war. Bereits im 11. Jahrhundert genoss es den Ruf eines wichtigen Handelszentrums, dem viele Regionen des Landes ihren Reichtum verdankten. Hier steht auch das wohl kleinste Rathaus Schwedens, das 1744 erbaut wurde und sich wunderbar in die Miniatur-Proportionen des Ortes einfügt.

Inga Lindströms Welt findet in dieser Gemeinde geradezu ihre Idealform, denn hier spürt man die sympathische Atmosphäre des alten, ländlichen Schweden. In der einzigartigen Stora Gatan, die übrigens noch heute so verläuft, wie sie im frühen Mittelalter angelegt wurde, treffen die Hauptfiguren des Films „Sehnsucht nach Marielund“ ihre

Nachbarn und Freunde. Die gleichnamige Erzählung enthält ein liebevolles Stimmungsbild:

„Magnus war entzückt von der Fußgängerzone des Örtchens. Hübsche, schmiedeeiserne Ladenschilder, jedes ein individuell gestaltetes Kunstwerk, hingen über den Türen der Geschäfte und lenkten den Blick auf die in unterschiedlichen Pastellfarben gestrichenen Holzfassaden."

An der Uferpromenade, die mit ihrem Flair Sigtunas heimelige Gassen ideal ergänzt, hatte übrigens Inga Lindström die Idee, ihre Heldin Elinor Frölin aus „Sehnsucht nach Marielund" ins Wasser gehen zu lassen. In dem berühmten Fast-Filmschluss verschwindet sie langsam neben dem Steg ihres Herrenhauses in den Fluten des Mälaren. Dass dies später bei den Dreharbeiten nur möglich sein konnte, indem man der Schauspielerin Karin Dor eine hölzerne Unterwasserrampe baute, konnte die Autorin in der Stunde ihrer literarischen Erfindung in Sigtuna – vor der stimmungsvollen Kulisse des Sees – allerdings nicht ahnen ...

Bekannt ist der Ort übrigens auch als Studienort des heutigen Königs Carl XVI. Gustav, der als junger Mann die kirchliche „Sigtunastiftelsen", eine

6

bekannte und anspruchsvolle Bildungseinrichtung, besucht hat und Sigtuna mit seinem Aufenthalt sozusagen adelte.

Auf der Landstraße nach Nordwesten gelangt man über den Ort Häggeby zum berühmten Schloss Skokloster, dessen weiße, fensterreiche Front mit den vier achteckigen Türmen eine wunderbare Lebendigkeit ausstrahlt, sobald man dem prächtigen Bau näher kommt. Auf einer Halbinsel am Mälarsee gelegen, wo die klare Luft oft den Duft von Blumen trägt, erstreckt sich hinter dem Gebäude ein weitläufiger Park, dessen uralte Bäume viel über die wechselvolle Geschichte des Barockschlosses erzählen könnten. Und ein kleines bisschen hat diese Schlossgeschichte auch mit Deutschland zu tun.

Einst aus einem Zisterzienserkloster hervorgegangen, kam das königliche Lehen im frühen 17. Jahrhundert an die baltische Adelsfamilie Wrangel, die im Dienst des schwedischen Königs Karl IX. stand. Herman Wrangel, der in dritter Ehe mit einer Gräfin von Nassau verheiratet war, gab den herrschaftlichen Sitz an seinen Sohn Carl Gustav Wrangel weiter, der bald als einer der

reichsten Männer des gesamten Ostseeraumes galt. Wrangel beauftragte neben dem Baumeister Tessin auch den deutschen Architekten Kaspar Vogel aus Erfurt mit den Ausbaumaßnahmen. Dass Wrangel neben weiteren Gütern auch die Schlösser Spyker und Ralswiek auf der Insel Rügen besaß (wo er 1676 starb), ergibt einen historisch reizvollen Brückenschlag zwischen Deutschland und Schweden. Später gelangte Schloss Skokloster über Wrangels Tochter in Besitz der berühmten schwedischen Familie Brahe, und seit 1967 wird es vom Staat verwaltet.

Die Führungen geben auf vier Etagen einen umfassenden und schillernden Eindruck vom herrschaftlichen Leben an den Ufern des Mälarsees. Außer originalem Barockmobiliar und Gemälden befindet sich hier auch eine der bedeutendsten Waffensammlungen der Welt. Ein Höhepunkt für jeden Besucher dürfte die reich bemalte Stuckdecke des Königssaals sein, dessen Pracht man noch vor Augen hat, wenn man längst wieder draußen in einer Allee von Bäumen steht und über die weiten gepflegten Rasenflächen schaut. Weitere Sehenswürdigkeiten auf dem Schlossgelände sind die ehemalige Klosterkirche und ein Auto- und Wagenmuseum.

*Schloss Skokloster kann man auch von Uppsala aus auf dem Wasserwege erreichen mit der „MS Kung Carl Gustaf". Besonders interessant im Inneren des Gebäudes ist der Bankettsaal, der nie vollendet wurde und heute als eine „Baustelle" des 17. Jahrhunderts besichtigt werden kann. Aufschluss über die einstigen Baumethoden und auch Restaurierungsmaßnahmen gibt zudem eine faszinierende Ausstellung.*

Durch die Mälarregion von Schloss zu Schloss zu reisen ist besonders in dieser unmittelbaren Nähe zu Stockholm ein Vergnügen. Schnell hat man zwischendurch die Metropole erreicht und kann sie – beispielsweise mit dem Bus nach Sigtuna – ebenso unkompliziert wieder verlassen, um weitere Höhepunkte auf der Schlösser-Tour zu entdecken.

So findet man unweit von Sigtuna bei Märsta das vom italienischen Barock geprägte, sehr charmante Schloss Steninge. Das zweigeschossige Hauptgebäude mit vier eingeschossigen Flügeln wurde nach Plänen des Architekten Nicodemus Tessin des Jüngeren errichtet. Der beschwingte Baustil ist zweifellos einzigartig in Schweden und lässt die Verwandtschaft zu den berühmten Palladio-Villen in Italien ahnen.

Auch Schloss Rosersberg, im Süden der Stadt Märsta gelegen, hat einen sehr eigenen architektonischen Charakter. Erinnernd an die Ruhe und Schlichtheit eines englischen Landsitzes, wird der Haupttrakt von zwei Seitenflügeln flankiert, die einen Innenhof bilden, während sich auf der anderen Seite, umgeben von Bäumen, die große Parkwiese erstreckt. Der Lieblingssommersitz König Karls XIV. Johan, 1630 von der Familie Oxenstierna erbaut, ist stilistisch gesehen das Bindeglied zwischen der gustavianischen Ära und der Zeit der Bernadottes. Der um 1800 entstandene englische Garten, der auf der linken Seite des Schlosses liegt, lädt mit seinen verschlungenen Wegen zum Spazieren und Verweilen ein, um den Blick über die Landschaft und den See schweifen zu lassen.

Auch an diesem Ort wird offenkundig, wie eng die Schlösserwelt des Mälarsees mit der kulturellen Bedeutung des gesamten Stockholmer Hinterlandes zusammenhängt, wie verflochten Landschaft und Historie miteinander sind. Und es scheint im 17. und 18. Jahrhundert auch kein Paradox gewesen zu sein, die Einfachheit des schwedischen Landlebens mit dem Traum zu verknüpfen, durch Architekten wie Tessin den Älteren und seinen Sohn die Pracht der europäischen Höfe in die einsame Idylle des Mälaren zu holen.

Wenn die Sonne hinter den Schlössern am See untergeht, legt sich eine unvergleichliche Ruhe über die Landschaft. Die letzten Besucher kehren zurück nach Sigtuna oder nach Stockholm, um den Abend in einem gemütlichen Wirtshaus oder im Hotel zu verbringen. Wer jetzt mit aufmerksamem Blick an den Wäldern und schilfbewachsenen Ufern vorbeifährt, entdeckt mit viel Glück zwischen den Bäumen nahe der Straße einen Elch. Langsam stakst er auf die Wiese und schaut sich gelassen um.

Vom See weht ein leichter Wind herüber. Unten am Ufer besteigt ein Fischer mit einer Reuse in der Hand seinen roten Kahn, wirft den Motor an und tuckert hinaus aufs Wasser.

Ein Abend am Mälarsee beginnt ...

# Ihre Majestät, Schloss Drottningholm

*Der erste Eindruck des wahrhaft königlichen Schlosses Drottningholm ist geprägt von seiner traumhaften Lage.*

Meist vom nahe gelegenen Stockholm kommend, erreicht der Besucher über eine Brücke die Mälar-Insel Lovö, an deren Nordostufer die elegante, hellgelb leuchtende Schlossanlage steht. Einladend spiegelt sich die lange Front im Wasser des Sees.

Auch die Schauspieler der Lindström-Verfilmung „Die Farm am Mälarsee“, für die unter anderem in der Nähe des benachbarten Ortes Ekerö gedreht wurde, mussten fast täglich die Insel Lovö überqueren und erlebten so die Wirkung des imposanten Schlosses hautnah. Niemand vom Filmteam ließ die Gelegenheit aus, an drehfreien Tagen durch die weitläufigen Barock- und Rokokogärten zu schlendern oder das alte Hoftheater im Park zu besuchen, das vor allem die Herzen aller Schauspieler höherschlagen ließ.

1991 wurde Drottningholm als erstes schwedisches Kulturdenkmal in die Liste des Weltkulturerbes der UNESCO aufgenommen. Die Begründung des dafür zuständigen Komitees lautete: „Die Anlage Drotttningholm – mit Schloss, Theater, chinesischem Schlösschen und Park – ist das herausragendste Beispiel einer königlichen Residenz des 18. Jahrhunderts in Schweden, repräsentativ für die gesamte

europäische Architektur jener Zeit. Das Schloss Drottningholm wurde – wie viele andere europäische Schlösser der damaligen Zeit – vom Versailles des französischen Königs beeinflusst."

Der Name Drottningholm bedeutet „Insel der Königin", und tatsächlich residierten hier seit dem 16. Jahrhundert zahlreiche schwedische Königinnen. Bereits im Mittelalter wurde die Anlage genutzt, aber erst Königin Hedvig Eleonora, die Witwe König Karls X. Gustav, begann mit dem kontinuierlichen Ausbau des Schlosses. Auch ein Brand im Jahr 1661 konnte den Enthusiasmus der Königin nicht dämpfen. Nach den Entwürfen von Nicodemus Tessin dem Älteren und später durch dessen Sohn wurde Drottningholm wieder hergestellt – schöner denn je.

1744 erhielt Lovisa Ulrika (die als Luise Ulrike von Preußen geborene Schwester Friedrich des Großen) Drottningholm als Hochzeitsgeschenk von ihrem schwedischen Schwiegervater, König Frederik I. In den folgenden fünfzig Jahren wurde das Schloss zu seiner heutigen Größe erweitert. Aus dem Jahr 1753 stammt der chinesische Pavillon im Schlosspark, der später zu einem rosaroten „chinesischen

*Um Schloss Drottningholm einen Besuch abzustatten, bietet sich eine Dampferfahrt über den Mälarsee an, denn vom Wasser aus kommend hat man einen besonders eindrucksvollen Blick auf den imposanten Prachtbau. Die hochgezogene Fahne auf dem oberen Bild verrät, dass die königliche Familie anwesend ist.*

Schlösschen“ umgestaltet wurde, in dem die königlichen Familien über lange Zeit die Sommermonate verbrachten.

Auch eine weitere Attraktion von Drottningholm, das berühmte Schlosstheater, stammt aus dieser Zeit. Unter König Gustav III. (1771–1792) erlebte das prunkvolle kleine Theater seine wichtigste Zeit, insbesondere für Aufführungen in schwedischer Sprache, während normalerweise auf den Bühnen Französisch gesprochen wurde.

Erst 1920 wurde der Wert dieses historisch einmaligen Schlosstheaters wiederentdeckt – und mit ihm unter dem Staub von mehr als einem Jahrhundert die Originalkulissen für über dreißig Bühnenstücke. Heute kann der Besucher das Theater täglich besichtigen. Während der Sommermonate finden zahlreiche Opern- und Ballettaufführungen statt, die in ganz Schweden auch wegen der besonderen Atmosphäre einen hervorragenden Ruf genießen.

Zurück zum Schloss selbst. Das dreistöckige Hauptgebäude und die beiden zweistöckigen Seitenflügel können zum Teil besichtigt werden. Bereits das Treppenhaus, ein Barockaufgang mit Statuen

*Zur riesigen Parkanlage von Schloss Drottingholm gehört auch ein umschlossenes „parterre d'eau" mit Rasenflächen, Fontänen und Wasserkaskaden – ein Ort, der an einem warmen Sommertag für ein Gefühl von Frische und Kühle sorgt.*

antiker Gestalten und reicher Ausschmückung, ist atemberaubend. Besonders eindrucksvoll sind die Galerien der Könige Karl X. Gustav und Karl XI., das prunkvolle Schlafzimmer Hedvig Eleonoras, die Rokoko-Bibliothek, der Reichssaal und der Königinnensaal.

Der besondere Charme von Drottningholm beruht zweifellos auch auf seiner Parkanlage. Der Barockgarten ist nach dem Vorbild von Versailles gestaltet. Seine Hauptachse verläuft rechtwinklig zum Mittelpunkt der Schlossfassade. Symmetrie und Ruhe sind hier die vorherrschenden Elemente.

Doch vor allem der englische Park hinter dem Theater erscheint uns heute als wohltuende, abwechslungsreiche Oase. Von hier aus, vom kleinen See mit Insel, von den verschlungenen Wegen und großflächigen Wiesen, gibt der Blick zurück auf das Schloss einen bleibenden Eindruck von der außergewöhnlichen Vitalität der gesamten Anlage.

Wenn die Fahne über dem Schloss aufgezogen ist, weilt die königliche Familie in Drottningholm. Selbstverständlich ist jener Bereich, in dem König Carl XVI. Gustav, Königin Silvia und ihre drei Kinder leben, der Öffentlichkeit nicht zugänglich, aber zu wissen, dass die Majestäten ganz in der Nähe sind, ist auch schon eine besondere Erfahrung.

König Carl XVI. Gustav regiert seit 1973. Er ist der siebte Regent aus dem Haus Bernadotte, als Staatsoberhaupt steht er einer

konstitutionellen Monarchie mit parlamentarisch-demokratischer Regierungsform vor. Dass Königin Silvia aus Heidelberg stammt, erscheint angesichts der zahlreichen, über viele Jahrhunderte verlaufenden Verbindungen zwischen Deutschland und Schweden wie eine konsequente Entwicklung der Zeitgeschichte. Doch Königin Silvia hat in den vergangenen Jahrzehnten nicht nur ihre Rolle als Ehefrau des Regenten glänzend erfüllt, sie hat auch durch ihr eigenes politisches und humanitäres Engagement vorbildlich den europäischen Gedanken gepflegt und erfreut sich in Schweden größter Beliebtheit.

Geht man in einer ruhigen Stunde durch den Park auf das Schloss zu, das sich am Ufer des Mälarsees so romantisch, doch ebenso erhaben und Achtung gebietend abzeichnet, dann spürt man die positive Kraft Drottningholms – ein wahrhaft majestätisches Haus.

# Von der Ostküste bis Dalarna

*Die Geschichten der Inga-Lindström-Filme sind in den schönsten und reizvollsten Landschaften Schwedens angesiedelt. Dazu gehört auch die Region nördlich von Stockholm, die für die Filme „Mittsommerliebe“ und „Entscheidung am Fluss“ eine grandiose Kulisse bot. So führt die Reise auf den Spuren von Inga Lindström nun zu einigen Orten entlang dem Küstenstreifen von Norrtälje bis Älvkarleby und dann Richtung Westen in die Provinz Dalarna. Eine höchst abwechslungsreiche Route, denn die Gegensätze zwischen den kleinen Fischerdörfchen und rauen Inseln der Ostsee auf der einen und der großartigen waldreichen Landschaft Dalarnas auf der anderen Seite könnten kaum größer sein.*

*Dalarna gilt als typische Folklore-Region Schwedens, in der man vor allem im Sommer, wenn dort die Mittsommerfeste und zahlreiche Volksmusikfestivals stattfinden, das Brauchtum in all seiner Vielfalt kennenlernen kann. Die typischen farbenfrohen Trachten Dalarnas haben bei den Einheimischen bis heute einen hohen Stellenwert, und so kann man sie bei solchen Anlässen auch überall bewundern.*

*Über die Landesgrenzen hinaus berühmt sind die „Dalahästen“, die oft handgefertigten roten Dalarna-Pferdchen aus Holz, die zu den beliebtesten Andenken der Reisenden aus aller Welt gehören. Mit ihrer weiß-bunten Bemalung sehen sie genauso fröhlich aus wie die geschmückten Dörfer des Berglandes, wenn zum Mittsommerfest die „majstång“, ein reich geschmückter Baum, aufgestellt wird.*

*Aus Dalarna stammt auch die Farbe Falunrot („Falu Rödfärg“), in der landesweit unzählige Häuser angestrichen sind. Sie stammte über Jahrhunderte als Abfallprodukt aus dem berühmten Kupferbergwerk in Falun, wurde aus nicht verwertbaren Mineralien hergestellt und galt als besonders guter und kostengünstiger Holzschutz. Der warme, man möchte fast sagen herzliche ochsenblutrote*

*Farbton charakterisiert bis heute das Erscheinungsbild Schwedens, ja sogar ganz Skandinaviens. Eine andere traditionelle Fassadenfarbe ist gelber Ocker, der gerne in Kombination mit Blau oder Weiß für die Tür- und Fensterrahmen verwendet wird und einst überwiegend für herrschaftliche Häuser reserviert war.*

*Die Bauweise schwedischer Häuser war von jeher bestens auf das teilweise raue Klima abgestimmt. Gemauerte Gebäude fand man früher fast nur auf den Inseln Gotland und Öland, weil hier genügend Steine vorhanden waren. Ansonsten galt, dass auf dem Land ein traditionelles Holzhaus leichter zu bauen und zu beheizen war als Häuser aus Stein. In Gegenden mit Nadelbaumwäldern wurden zumeist Stämme aus Kiefernholz verwendet. Die „knuttimring" genannte Tradition, kräftige Holzbalken an den Ecken mit Schwalbenschwänzen zu versehen, stammt aus der Wikingerzeit und hat sich bis heute erhalten. In Regionen mit überwiegendem Laubwaldbestand entwickelten sich darüber hinaus andere Bautechniken, bei denen beispielsweise schwere Eichenbretter im wahrsten Sinne des Wortes „tragende" Bedeutung haben.*

*Doch fast alle schwedischen Häuser haben eines gemeinsam – den typischen Baustil, der an Puppenstube und Astrid Lindgren erinnert, an sonnige, warme Sommertage und Wind über den Schären ...*

# Von Uppsala bis Grisslehamn

*Möchte man die nördlich von Stockholm gelegene Region erkunden, liegt es nahe, zuerst die altehrwürdige Universitätsstadt Uppsala anzusteuern.*

Von hier aus sind sowohl die Ostseeküste als auch die Provinz Dalarna gut erreichbar. Wem sich die Möglichkeit bietet, der kann vom Mälarsee aus über das auf Seite 37 vorgestellte Städtchen Sigtuna per Schiff nach Uppsala reisen, eine wunderbare Fahrt, bei der man von Bord aus in aller Ruhe die Landschaft an sich vorbeiziehen lässt.

Schon gleich nach der Ankunft spürt man die Lebendigkeit dieser Stadt. Mit ihren vielen tausend Studenten ist Uppsala eine gelungene Mischung aus Jung und Alt, aus Historischem und Modernem. Vor allem die verschiedenen Baustile der Häuser an den Ufern des Flusses Fyrisån veranschaulichen die lange und wechselvolle Geschichte Uppsalas, das einst ein Hort altnordischer Religion war, 1164 Sitz des Erzbischofs wurde und 1702 zu weiten Teilen einem verheerenden Großbrand zum Opfer fiel. Zu den zerstörten Gebäuden gehörte auch eine Burg, an deren Stelle das im typischen Backsteinstil errichtete heutige Schloss steht. Es ist nicht nur Sitz der Provinzverwaltung, sondern lädt auch zum Besuch diverser Ausstellungen des Kunstmuseums ein.

Der gotische Dom (Domkyrkan), als Backsteinbau im 13. Jahrhundert begonnen, ist die größte Kirche in ganz Skandinavien. Das riesige

*Wenn die Füße allmählich müde werden, lädt die „Kaffestuga" zur Einkehr ein. Zum Kaffee gibt es herrliche Kuchen und Torten – ein Genuss für Auge und Gaumen.*

Gebäude wirkt von außen etwas nüchtern, wovon man sich jedoch nicht abschrecken lassen sollte, denn im Inneren gibt es viel zu entdecken. So befinden sich hier die Schatzkammer und das berühmte Krönungsgewölbe, in dem die schwedischen Könige bis ins 18. Jahrhundert inthronisiert wurden, wie auch die Grabmäler von König Gustav Vasa und anderen Mitgliedern der Regentenfamilie. Eine Gedenktafel erinnert an eine weitere berühmte Persönlichkeit Schwedens: Carl von Linné. Der 1707 geborene Naturforscher entwickelte das erste wissenschaftliche System zur Pflanzenbestimmung und hinterließ in Uppsala einen Lehrgarten mit mehr als 130.000 Pflanzen. Naturliebhabern sei unbedingt ein Besuch des botanischen Gartens mit einer Vielzahl an exotischen Gewächsen ans Herz gelegt.

Nicht weit entfernt, südöstlich von Uppsala, liegt Hammarby, ein kleiner Bauernhof, den Linné als Alterssitz wählte. Hier, vor den Toren der Stadt, genoss er die Landluft und betrieb weiterhin seine Forschungen in einem großen idyllischen Garten.

Uppsala und Umgebung sind übrigens nicht erst von den Regisseuren der Inga-Lindström-Filme entdeckt und mit der Kamera festgehalten worden. Schon Ingmar Bergman wählte seine Geburtsstadt zum Schauplatz des Films „Fanny und Alexander", der 1982 gedreht wurde und diesen Teil Schwedens weltweit bekannt machte.

Auf der Weiterfahrt in Richtung Osten nach Norrtälje, einer hübschen Stadt in der Region Roslagen, spürt man mit jedem zurückgelegten Kilometer immer mehr die Nähe zur Ostsee. In den Sommermonaten verbringen viele Stockholmer in diesem Gebiet etwas abseits der Schären entspannte Ferien, nicht zuletzt wegen des besonderen Charmes, den Norrtälje als traditionsreicher Badeort ausstrahlt.

Bereits Ende des 19. Jahrhunderts zog die Heilwirkung des Schlamms, den man aus der flachen Bucht holte, Urlauber aus dem ganzen Land an. Mit seinem alten Rathaus aus dem 18. Jahrhundert, schmalen Gassen, die von romantischen Häusern gesäumt sind, kleinen Läden, die zum Bummeln einladen, und dem Marktplatz, auf dem man frischen Fisch kaufen kann, präsentiert sich Norrtälje als liebenswertes kleinstädtisches Idyll.

Von der bitteren Vergangenheit ist heute nichts mehr zu erkennen. 1719 wurde die Stadt bei einem russischen Militärangriff bis auf die Grundmauern niedergebrannt, und es dauerte lange, bis die Bewohner von Norrtälje und ganz Roslagen diesen Schlag verwunden hatten. Wer mehr darüber erfahren möchte, sollte das Roslagsmuseum besuchen, dessen interessante Ausstellung das Leben in dieser Region und die enge Beziehung zwischen Norrtälje und der Seefahrt auf sehr anschauliche Weise vermittelt.

Roslagen ist auch Hauptort des Geschehens in dem Lindström-Film „Mittsommerliebe". Hier fand man ein für die Gegend typisches Sägewerk, das für die Geschichte der Hauptfiguren eine entscheidende

*Die Region im Norden von Stockholm mit den vielen kleinen Inseln vor der Küste ist ein beliebtes Urlaubsgebiet, sowohl bei der Bevölkerung als auch bei Schwedenfans aus dem Ausland. Doch braucht man sich nicht vor überlaufenen Badestränden und verstopften Ferienorten zu fürchten – die einsame Idylle findet man auch hier.*

Rolle spielt. Gedreht wurde zudem an verschiedenen Orten entlang der Küste, die mit ihrer ursprünglich-romantischen Natur eine ideale, stimmungsvolle Kulisse darstellten.

Bereits in Norrtälje ist das Meer auf Schritt und Tritt gegenwärtig – die Stadt ist gleichsam ein malerisches Portal zu den vorgelagerten kleinen Inseln. Nun ist es auch nicht mehr weit bis zur äußersten Landspitze der Küste. Die Halbinsel Rådmansö (mit Norrtälje verkehrsmäßig verbunden durch die E 18) lädt mit ihren Badebuchten durchaus zum Verweilen ein, doch die meisten Reisenden steuern geradewegs den kleinen Flecken Kappelskär an, wo die Fähren nach Åland und Finnland ablegen.

Die sanfte Wildheit der Ostsee offenbart hier, nördlich der Schären, plötzlich auf neue Weise ihren Charme. Die Inseln vor der Küste sind größer und rauer, mitunter können die Wellen heftig gegen die Klippen schlagen, auf denen hier und dort einsam ein Haus steht. Das Bild der Möwen, die im Wind schwebend über kleinen Fischerbooten und Trawlern nach einem Fang Ausschau halten, ist allgegenwärtig, und wer Glück hat, entdeckt in der Brandung sogar Seehunde.

*Nach einem Tag am Strand oder auf dem Wasser gehen die hungrigen Sommerfrischler abends zum Hafen, versammeln sich um die Tische der Restaurants und genießen herrliche Fischgerichte.*

Ein gutes Stück nördlich von Norrtälje erstreckt sich parallel zur Küste eine eigentümlich lange und schmale Insel, die Insel Väddö. An ihrer obersten Spitze liegt der kleine Fischerort Grisslehamn, der das karge, harte Leben der Seeleute, die hier jahrhundertelang ein wichtiger Vorposten nach Finnland waren, noch heute spüren lässt. Auch von hier aus kann man per Fähre nach Åland sowie zum finnischen Festland gelangen. In Grisslehamn werden sich all jene wohlfühlen, die gerne Hafenleben hautnah erleben. Überall wird frischer Fang angeboten, und wer in dieser Seeluft Hunger verspürt, kann die hiesige Spezialität, äußerst schmackhafte Räucherfische, gleich vor Ort genießen.

Das Schicksal der Fischer, die einst mit ihren Booten für den Transport der Post über große Entfernungen zuständig waren, ist auch im Gedächtnis der heutigen Einwohner von Grisslehamn fest verankert, und so gedenkt man der mutigen Männer noch immer mit einer jährlichen Ruderboot-Wettfahrt.

Kulturinteressierten empfiehlt sich ein Besuch des Museums, das nach Albert Engström benannt ist. Der in ganz Schweden bekannte Maler und Schriftsteller, ein Schüler des berühmten Carl Larsson, lebte und arbeitete ab 1900 in Grisslehamn. Neben seinen oft humoristischen und ironisierenden Zeichnungen hat er eine Fülle eindrucksvoller Aquarelle hinterlassen, welche die Fischer der

*Schwedischer Sommer: Auf der Holzveranda im Schaukelstuhl sitzen, die schnurrende Katze auf dem Schoß, die Blumen auf der Wiese wiegen sich sanft im Wind, tief im Inneren das Gefühl von Glück.*

Ostseelandschaft Roslagen und das harte Leben der Bauern zum Thema haben. Engström starb 1940 und wird bis heute in dem kleinen Hafenort verehrt.

Obwohl Grisslehamn als Fährenstation eine gewisse Bedeutung hat, ist diese kleine, eigenwillige Welt der Fischer doch nur ein erster Vorbote für jene Region, die sich nach Norden erstreckt. Waren die Schäreninseln gleichsam eine Ouvertüre zur Ostsee, präsentiert sich die Landschaft nun in einer neuen Tonart – größer, dramatischer und umso eindrucksvoller, je mehr man sich der Küste Norrlands nähert.

*Grisslehamn ist ein reizender Hafenort, der gerne von Seglern angesteuert wird. Die Fischkutter fahren täglich hinaus aufs Meer und kehren gen Abend mit ihrem Fang zurück.*

# Von Öregrund bis Gävle

*Die Hafenstadt Öregrund ist historisch gesehen eng verbunden mit ihrer „Schwester“ Östhammar.*

Nachdem diese Gemeinde im 15. Jahrhundert durch Verlandung ihren Hafen nicht mehr richtig nutzen konnte, gründete sie auf der vorgelagerten Halbinsel den Ort Öregrund und verschaffte sich damit einen Vorteil, der sich über Jahrhunderte auszahlen sollte. Denn neben der Fischerei war der Eisenexport ein wichtiger Handelszweig Öregrunds, und die bedeutenden Hütten der Umgebung verlangten optimale Transportmöglichkeiten über die Ostsee.

Ähnlich wie Norrtälje wurde auch Öregrund gegen Ende des 19. Jahrhunderts als Seebad populär. Wer etwas auf sich hielt, errichtete hier eine Ferienresidenz. Noch heute ist diese sommerliche Geschäftigkeit im Hafen zu spüren, wenn kleine und große Segeljachten aus Stockholm eintreffen und die Skipper mit ihren Mannschaften für eine besondere maritime Atmosphäre sorgen. Abgesehen davon ist Öregrund mit seinen alten Holzhäusern eine ausgesprochen hübsche kleine Gemeinde. Sehenswert sind hier auch das Rathaus aus dem Jahr 1829 und eine sehr schöne Kirche.

Vor allem die beiden Lindström-Filme „Mittsommerliebe“ und „Entscheidung am Fluss“ geben einen Eindruck von dem Reiz dieser besonderen Küste und ihrem Hinterland. Impressionen der Stadt Östhammar sind in ihnen ebenso festgehalten wie stimmungsvolle

*Das Städtchen Öregrund, dessen kleine Straßen von roten und gelben Holzhäusern gesäumt sind, war mehrmals Drehort für die Inga-Lindström-Filme. Aufmerksame Zuschauer werden gewiss die ein oder andere „Kulisse“ wiederentdecken.*

Landschaftsaufnahmen aus der Gegend um Öregrund.

Zu den Höhepunkten in dieser Region gehört zweifellos „Gimo Herrgård“. Das stattliche Herrenhaus ragt abgelegen am Ende einer eindrucksvollen Allee namens Bruksgatan empor und kann mit seiner ebenso herrschaftlichen wie gemütlichen Architektur zu Recht als Musterbeispiel für den schwedischen Landgutstil der gustavianischen Zeit bezeichnet werden. Umgeben von uralten Bäumen, zumeist Linden und Ulmen, die mit ihren knorrigen Ästen den Weg zum Haupthaus weisen, findet der Besucher hier ein historisch einmaliges Denkmal schwedischer Baukunst. Der seinerzeit sehr angesehene Architekt Jean Eric Rehn hat Gimo 1760 erbaut und damit in der Tat den ersten Herrenhof der gustavianischen Architektur geschaffen. Wenn man so will, ist „Gimo Herrgård“ das formvollendete Original, an dem sich zahlreiche Baumeister späterer Generationen orientiert haben.

Das gesamte Gelände, wie überhaupt die Region um Gimo und den Gimodamm, erinnert an eine große Zeit Roslagens, als die Eisenhütten der Wallonen vom 17. bis 19. Jahrhundert die Landschaft

*„Gimo Herrgård" ist das erste Herrenhaus, das im Landgutstil der gustavianischen Zeit erbaut wurde. Auf dem weitläufigen Gelände des zauberhaften Anwesens wurden einige Szenen für den Inga-Lindström-Film „Entscheidung am Fluss" gedreht.*

prägten. Die Sägewerke und Hammerbetriebe sorgten für eine florierende Wirtschaft, und der Handel über die Häfen sicherte vielen Familien auch in politisch schwierigen Zeiten das Überleben.

Nur wenige Kilometer westlich von Gimo liegt der Ort Österbybruk, in dem Zeugnisse dieser Kulturgeschichte erhalten geblieben sind. Sowohl für Erwachsene als auch für Kinder ist das Eintauchen in die Welt der Eisenhütten ein faszinierendes Erlebnis. Neben dem Herrenhaus und den Arbeiterhäusern entlang den romantischen Dorfstraßen kann man hier eine Schmiede besichtigen, in der die Eisenverarbeitung demonstriert wird. Auch der englische Park lohnt einen Rundgang, seine üppige Vegetation ist ein erholsamer Gegensatz zu den zahlreichen Überraschungen, die Österbybruk außerdem bietet, so beispielsweise die alte Mine „Dannemora Gruva".

Zurück nach „Gimo Herrgård", auf dessen weitläufigem Gelände viele wichtige Passagen des Films „Entscheidung am Fluss" gedreht wurden. Zu den Motiven gehört auch ein optisch äußerst reizvolles nahe gelegenes Badehaus, das Regisseur Oliver Demmenget als Kulisse für eine hübsche Szene nutzte. In einem Land wie Schweden, dessen Bewohner von jeher außerordentlichen Wert auf einen größtmöglichen persönlichen Freiraum legen – man denke nur an das unverbrüchliche „Jedermannsrecht" –, ist es für ein Filmteam nicht immer leicht, auf Anhieb die geeigneten Drehorte zu finden. Auch ohne das Errichten von Zäunen und meterhohen Eisentoren wird in Schweden erwartet,

dass man während der wertvollen Sommermonate niemanden in seinem Ferienhaus stört. Deshalb begeben sich Filmarchitekten und Regisseure oft vom Wasser aus auf die Suche. Aus dieser Perspektive kommt nicht selten die Schönheit eines Anwesens erst recht zur Geltung, und es bietet den Vorteil, dass man keinen Eigentümer unnötig belästigen muss. Erst nachdem man eine besondere Entdeckung gemacht hat, wird vorsichtig angefragt, ob Filmaufnahmen überhaupt denkbar wären.

Ein besonders rührendes Beispiel schwedischer Herzlichkeit und Gastfreundschaft erlebte das Team bei den Dreharbeiten für den Film „Wind über den Schären", eine Geschichte, in der ein junges Paar für ein Jahr auf eine Weltumsegelung gehen möchte. Ein Traummotiv war gefunden worden, wieder einmal von der Wasserseite aus. Das schöne Anwesen hatte einen eigenen Bootssteg, lag versteckt im Grünen und bot den Inbegriff des romantischen Schwedenhauses. Die über achtzigjährige Eigentümerin erklärte sich sofort damit einverstanden, dass in ihrem Haus Dreharbeiten stattfinden, allerdings stellte sie eine Bedingung: Das Filmteam musste hoch und heilig versprechen, an einem

bestimmten Tag wieder vollständig verschwunden zu sein. Der geheimnisvolle Tag kam, und eine große stolze Segeljacht machte am Steg fest. Von Bord sprang ein sportlicher 83-jähriger Skipper, der von der wartenden Hausherrin glücklich in die Arme geschlossen wurde. Es war ihr Ehemann, der nach Südamerika gesegelt war, nur begleitet von zwei gleichaltrigen Freunden, und nun nach mehreren Monaten endlich heimkehrte.

Da war sie also im wirklichen Leben, die Welt der Inga Lindström, und man kann nur ahnen, welches Vergnügen es der alten Dame bereitet haben muss, die ganze Zeit über zu wissen, dass die romantische Lindström-Geschichte von der Weltumsegelung und dem Warten auf die große Liebe von ihr und ihrem Mann tatsächlich gelebt wurde ...

Nächstes Reiseziel ist nun die Insel Gräsö. Über Öregrund erreicht man das dreißig Kilometer lange Eiland per kostenlose Fähre – ein in Schweden oft selbstverständlicher Service, bei dem das Schiff einfach ein fehlendes Stück Landstraße ersetzt.

Dass Gräsö der Inga-Lindström-Reihe attraktive Schauplätze geboten hat, ist kaum verwunderlich. Herrliche Laubwälder wechseln sich mit Wiesenlandschaften und kleinen Bächen ab, hier und dort verstecken sich heimelige Ferienhäuser, die man mieten kann und die Gräsö für viele Urlauber zum persönlichen Paradies werden lassen. Der Leuchtturm Djursten, Islandpferde zum Ausreiten, die Außenschären, die das Reich der Inseln in die Ostsee hinein noch etwas vergrößern – das alles gehört ebenfalls zur kleinen Welt Gräsös. Hier kann man wun-

derbar abschalten, und sei es nur für die Dauer eines kurzen Besuchs.

Eine der Lieblingsbeschäftigungen vieler Schweden – und natürlich der Urlauber aus aller Welt – ist das Angeln. Überall im Land, nicht nur an den Küsten, bieten sich reizvolle Gelegenheiten, den Köder auszuwerfen und einen beachtlichen Fang zu machen. Die Königsdisziplin des Fischfangs ist zweifellos das Fliegenfischen. Unzählige Wildbäche und viele große Flüsse laden dazu ein. Dort, wo die Gewässer reich an Lachsen sind, erfüllt sich für die meisten Angler ein lang gehegter Traum, denn es gibt nicht mehr allzu viele Orte auf der Welt, an denen der Lachs sich noch so ungestört entwickeln darf wie in der Wildnis Schwedens.

Als für den Film „Mittsommerliebe" ein reißender, landschaftlich eindrucksvoller Fluss gesucht wurde, der als Schauplatz für Szenen vom Fliegenfischen und von gewagten Kajakfahrten dienen sollte, fiel die Wahl auf das große Delta des Flusses Dalälven bei Älvkarleby im nördlichen Uppland, nicht weit entfernt vom Küstenort Gävle.

Bereits in früheren Jahrhunderten war der Fluss für seinen Lachsbestand berühmt, und bis heute ist

*Da man in Schweden großen Wert auf eine geschützte Privatsphäre legt, liegen die Häuser oft weitab der Verkehrswege, versteckt hinter dichten Hecken und großen Bäumen. Damit der Postbote nicht stundenlang unterwegs sein muss, stehen die bunten Briefkästen schön aufgereiht am Straßenrand.*

es eine große Attraktion zu sehen, wie sich zu bestimmten Zeiten herrliche Exemplare von stattlicher Größe im Dalälven und seinen Wasserfällen tummeln. Zum Glück wird der Fischfang von der schwedischen Regierung streng kontrolliert, und so sind selbst die vielen Tonnen Lachs, die jährlich im Delta gefischt werden, keine Bedrohung mehr für die dortige Population. Wer mehr darüber erfahren will, sollte vor Ort das Angelmuseum besuchen.

Lachs gilt in Schweden als Delikatesse, die allerorten angeboten wird. Ob geräuchert, gekocht oder als „Gravad Lax“ (siehe Seite 71) – selbst in der Duty-free-Abteilung des Stockholmer Flughafens Arlanda ist das Angebot an Lachs beeindruckend. Da die Fische auch in verschweißter Verpackung von hervorragender Qualität sind, lassen sie sich problemlos als „Souvenir“ nach Hause mitnehmen.

Das Dalälven-Delta gehört zweifellos zu den ungewöhnlichsten Orten Mittelschwedens. Von Hunderten kleiner Inseln übersät, hat sich hier eine artenreiche Pflanzen- und Tierwelt entwickelt. Vielen bedrohten Lebewesen, wie etwa seltenen Vogelarten, bietet das Gebiet mit seinen dicht

bewachsenen Uferzonen, den Waldregionen und dem speziellen Mikroklima einen sicheren Überlebensraum. Eine Wanderung entlang dem Fluss macht deutlich, welche Naturgewalten und welche paradiesische Fülle dieses Land sein Eigen nennt. Wer die Zeit mitbringt, sich noch weiter hinauf in die Einsamkeit des Nordens zu begeben, wird reichlich belohnt. Mit jedem Kilometer nordwärts wird die Sommernacht länger, werden die Berge höher und die Täler einsamer.

Die an der Ostsee gelegene Stadt Gävle erinnert wiederum daran, dass in früheren Zeiten die Flüsse auch zum Transport der gefällten Bäume dienten. Das „Dalälvarnas Flottningsmuseum" in Gysinge bei Österfärnebo veranschaulicht dies besonders einprägsam.

Gävle besitzt noch heute einen der größten Häfen Schwedens und ist in gewisser Weise auch das östliche Tor zu Dalarna. Die kleinen, verwinkelten Gassen der Altstadt Gamla Gefle bieten viele im wahrsten Sinne bunte, pittoreske Eindrücke. Die Sträßchen mit ihren im traditionellen Stil erbauten Holzhäusern, dem Kopfsteinpflaster und den nostalgischen Laternen sorgen für eine heimelige

*Schon im Morgengrauen stehen die Angler am Ufer des Dalälven, um einen stattlichen Lachs aus dem Wasser zu holen, der am Abend mit viel Dill und Zitrone in den Backofen geschoben wird.*

*Zwischen den hohen Bäumen, unter deren Blätterdach schattige Oasen zum Verweilen einladen, taucht plötzlich auf einer Lichtung ein dunkelrotes Haus auf. Einsam ist es hier, ruhig und beschaulich.*

Atmosphäre. Hier haben sich Künstler und Handwerker niedergelassen, deren Ateliers und Werkstätten einen liebenswerten Gegensatz zu den inzwischen entstandenen modernen Einkaufszentren bilden. Wer etwas edlere Geschäfte und Boutiquen zum Shoppen sucht, sollte sich in der Nähe des Theaters – unter den Klängen des alten Rathaus-Glockenspiels – auf der Kungsgatan umschauen. Sehenswert sind auch die schönen historischen Speicherhäuser entlang dem Kai und der 16 Meter hohe hölzerne Leuchtturm am Hafen. Das Gävle Slott schließlich ist das nördlichste aller königlichen Schlösser und unterstreicht auf markante Weise den Anspruch Gävles, die älteste Stadt nördlich von Stockholm zu sein.

Die Fischerdörfer, die man von der Gävle-Bucht aus in Richtung Sundsvall besuchen kann, wie beispielsweise der kleine Küstenort Bönan, erinnern noch heute an die große Zeit des Fischfangs, auch wenn schon im 19. Jahrhundert viele vornehme Einwohner von Gävle dort ihre Ferienvillen bauten und für ein anderes Flair sorgten. Die geräucherten Heringe werden jedenfalls nach wie vor an jeder Ecke angeboten und sind ein wahrer Genuss.

# Schwedischer Lachs – Eine wahre Delikatesse

Schweden ist auch ein beliebtes Reiseziel für Angler, die an den Ufern der Lachsgewässer auf reichen Fang hoffen. Für den „König der Fische“ gibt es eine Vielzahl an Zubereitungsarten.

Eine der köstlichsten schwedischen Spezialitäten ist der Gravad Lax (Graved Lachs), der nicht geräuchert, sondern mariniert wird. Ursprünglich wurde der Gravad Lax (wörtlich übersetzt „Eingegrabener Lachs“) bedeckt von Beizstoffen in der Erde vergraben und mit Steinen beschwert, um so den würzigen Geschmack der Beize anzunehmen und gleichzeitig durch den Druck Wasser zu verlieren. Die unvergleichliche Zartheit des Fisches erlangt man heutzutage durch das Einlegen in eine Marinade, der man eine ordentliche Menge frischen Dill beigeben sollte.

Hier ein Rezept für all jene, die diesen kulinarischen Höchstgenuss selbst zubereiten möchten: Zum Einlegen von 1 Kilo Lachsfilet benötigt man 6 EL Meersalz, 2 EL Zucker, schwarzen Pfeffer und viel Dill. Außerdem einen Topf von ausreichender Größe (möglichst Steingut oder Glas).

Als Erstes das Salz und den Zucker vermischen. Damit werden die zurechtgeschnittenen Fischfilets eingerieben. Nun beginnt das Aufschichten: Auf eine Salz-Zucker-Schicht folgt eine Schicht Lachs, darüber werden Dill sowie Pfeffer gestreut. Es folgt eine zweite Salz-Zucker-Schicht, dann wieder Filets, darüber Dill und Pfeffer – und so weiter, bis der Lachs vollständig eingelegt ist. Um genügend Druck auszuüben, sollte das gestapelte Ganze anschließend auf irgendeine Weise beschwert werden. Statt der früher verwendeten Steine kann man auch, wie es in Schweden heutzutage vielerorts üblich ist, gefüllte Flaschen oder ein, zwei dicke Telefonbücher nehmen. Idealerweise lässt man den Fisch nun ein bis zwei Tage durchziehen. Geduldige warten noch einen Tag länger und werden mit besonders zartem Lachs belohnt.

Wenn es endlich so weit ist, werden von den einzelnen Filets mit einem Messer – es gibt spezielle Lachsmesser – extradünne Scheiben abgehoben, die man mit Dill und Zitrone oder verschiedenen Senfsaucen serviert.

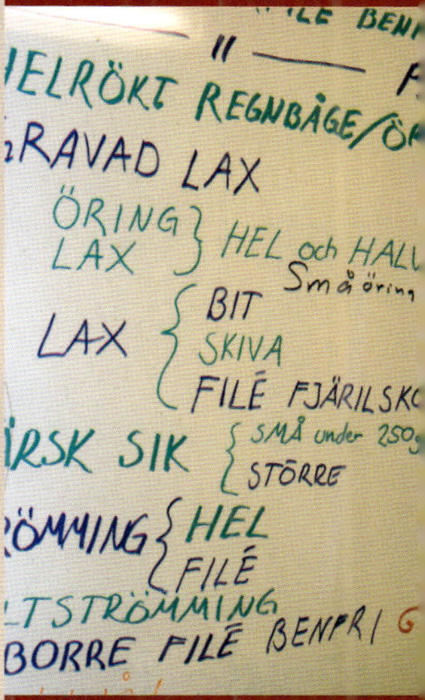

*Lachs, auf vielfältigste Weise zubereitet, gilt in Schweden als beliebte Delikatesse. Hier sind die Fische an den typischen Gestellen zum Räuchern aufgehängt.*

# Die Provinz Dalarna

*Die Landschaft Dalarnas stellt topografisch gesehen den Übergang zwischen der Sanftheit des südlichen Schwedens und der schroffen, kargen Natur des bis nach Lappland reichenden Nordens dar.*

Herrliche Wälder, Hügel und Seen – wie der Siljansee –, aber auch die traditionsreichen Feste der Region und das Kunsthandwerk haben Dalarna (wörtlich: die Täler) zu einem der beliebtesten Feriengebiete des Landes gemacht. Eine besondere Rolle spielt hier auch die Volksmusik, an deren fröhlichen Klängen man sich vielerorts erfreuen kann. Vor allem das Fiedelspielen ist äußerst beliebt und wird gerne in Vereinen gepflegt. Auch die bunten Trachten der Männer und Frauen beweisen bei festlichen Anlässen die enge Verbundenheit der Bevölkerung mit den Traditionen. Wer einmal in Dalarna mit Einheimischen das Mittsommerfest gefeiert hat, wird diese Nacht, in der man ausgelassen tanzt, trinkt und isst, nie mehr vergessen. Und wer einmal das Land wandernd durchstreift hat und in einer der Sennhütten, den „fäbodar“, eingekehrt ist und dort den frischen Käse und das typische Dünnbrot probieren durfte, der wird Dalarna für ewig auf der Zunge behalten.

Das andere Gesicht Dalarnas ist durch die großen Kupfer-, Silber- und Eisenminen geprägt, denen nicht nur die Provinz selbst, sondern das ganze Land jahrhundertelang seinen Wohlstand verdankte. Ohne diese Bergwerke wäre die im 17. Jahrhundert einsetzende Entwicklung Schwedens zur Industrienation kaum denkbar. So kann man denn auch bei einer Fahrt durch Dalarna nahezu in jedem Ort kleine und große Industriedenkmäler entdecken.

*Dalarnas Landschaft ist geprägt von Seen, die zum Schwimmen, Angeln und Bootfahren einladen. So manche Feriengäste kommen Jahr für Jahr in diese Region, genießen die unvergleichliche Natur und vergnügen sich auf einem der zahlreichen volkstümlichen Feste wie die Mittsommernacht, in der es hier besonders ausgelassen zugeht.*

In dieser Hinsicht herausragend ist die Stadt Falun. Nach ihr wurde nicht nur jenes Rot benannt, das im ganzen Land die Häuser ziert, sondern ihr Name steht auch für Schwedens größtes Bergbaugebiet „Kopparbergslagen", das zum schwedischen Weltkulturerbe der UNESCO gehört. Ein Krater, der 1687 durch den Einsturz der Großen Grube Stora Stöten entstand, ist mit einer Länge von 370 Metern, einer Breite von 220 Metern und einer Tiefe von 65 Metern noch heute zu besichtigen und symbolisiert gleichermaßen Chance und Verhängnis des Kupferabbaus in Falun. Er gehört zu jenen Orten, die von Besuchern aus aller Welt immer wieder staunend betrachtet werden, zumal hier unsere nur vage Ahnung vom harten Grubenleben der damaligen Zeit zur Gewissheit wird. Carl von Linné beschrieb dieses Kupferbergwerk als „das größte Wunder Schwedens, aber auch schrecklich wie die Hölle", während Königin Kristina lediglich verklärte Worte fand und es ein „schwedisches Kleinod" nannte.

In der „Falun Koppargruva" kann man in über fünfzig Metern Tiefe an einer spannenden und lehrreichen Grubenführung teilnehmen, und das benachbarte „Stora Kopparbergs Museum" bietet spannende Einblicke in die Geschichte des Bergbaubetriebs.

Falun ist jedoch auch ein idealer Ausgangspunkt für Ausflüge innerhalb der Provinz Dalarna. Nur vier Kilometer nordöstlich liegt das Dorf Sundborn, in dem das Haus des Malers Carl Larsson steht

*„Liebe das Leben, liebe deinen Nächsten, liebe die Tiere, liebe den Garten und die Blumen! Liebe, liebe! das ist die Lösung des Rätsels." (Carl Larsson in einem Brief an seinen Sohn Pontus)*

(siehe Seite 75). Der liebevoll gepflegte Gebäudekomplex „Carl Larssons Gården" des 1919 gestorbenen Künstlers ist bis heute im Besitz seiner Nachfahren und kann besichtigt werden. Vor allem die von seiner Frau Karin entworfenen Möbel, Teppiche und Tapeten bestechen durch ihr unverwechselbares Farbdesign und sorgen für eine heimelige, warme Atmosphäre, weshalb es nicht verwundert, dass Larsson die „Lilla Hyttnäs" das „Haus in der Sonne" nannte.

Nicht nur der bis heute beliebte „Larsson-Stil" beweist, dass schwedisches Design in der ganzen Welt einen glänzenden Ruf hat. Ob sie nun Möbel, Glasobjekte, Haushaltsgeräte oder andere Gebrauchsgegenstände entwerfen – schwedische Designer gehören seit vielen Jahrzehnten zu den angesehensten ihrer Zunft, wobei viele ihrer Arbeiten von der reichen Handwerkstradition ihres Landes zeugen.

Dass Holz ein allgegenwärtiges Material in Schweden ist, macht auch die Weiterfahrt zum weiter nördlich gelegenen Siljansee deutlich. Die vielen Holzhäuser unterschiedlichster Bauart, von der kleinen roten Hütte bis zur vornehmen Villa mit Veranda und traditionellen Anbauten, aber

# Carl Larsson – Das Haus in der Sonne

Carl Larsson (1853–1919), der bekannteste Maler Schwedens, hat das Bild seines Landes auf vielfältige Weise geprägt, mit Gemälden, Zeichnungen, Aquarellen und auch seinen Büchern. Dabei war es zunächst weniger die Arbeit als Landschaftsmaler, die ihn berühmt machte, als vielmehr ein Geschenk, das er und seine Frau Karin 1898 von den Schwiegereltern erhielten: ein kleines Haus in Sundborn, Dalarna. Sie nannten es „Lilla Hyttnäs“ und begannen, Räumlichkeiten und Mobiliar nach eigenen Ideen zu erschaffen. So wurde das Haus zu einem bunten Paradies künstlerischer Arbeit und Ort eines turbulenten Landlebens mit sieben Kindern, an dem auch viele Dorfbewohner regen Anteil nahmen.

Sie alle hat Carl Larsson in seinen fröhlichen, lebensbejahenden Bildern mit unverwechselbarem Stil festgehalten. 1899 erschien das Album „Ett hem“ („Ein Heim“), in dem er Haus und Familie der Öffentlichkeit vorstellte.

In Deutschland wurde Carl Larsson vor allem durch die 1910 erschienene Bilder- und Textsammlung „Das Haus in der Sonne“ bekannt, in der er die künstlerische und stilistisch sehr warmherzige Beschreibung von Haus und Hof mit fröhlichen Familiengeschichten verknüpfte.

Seine Bilder, die Ausdruck eines ländlich-optimistischen Lebensstils sind, und das in ihnen dargestellte romantische Wohnkonzept haben das positive Schwedenbild der Deutschen vermutlich bis heute entscheidend beeinflusst.

*In vielen Orten am Ufer des Siljansees entdeckt man jene typischen Schwedenhäuser, die sofort an die Welt der Schriftstellerin Astrid Lindgren und ihre wunderbaren Geschichten erinnern. Besonders farbenprächtig hebt sich das Larsson-Haus (unten) vom Grün des üppigen Gartens ab.*

auch die Ausstellungen der Kunsthandwerker mit Dalarna-Pferden, geschnitzten Elchen und Kühen lassen keinen Zweifel daran aufkommen, dass hier das Brauchtum zu Hause ist.

Am Siljansee wird die Landschaft lieblicher, präsentiert sich mit endlosen blühenden Wiesen und fruchtbaren Äckern. An einigen versteckten Orten wachsen sogar seltene Orchideen.

In ihrer Erzählung „Sehnsucht nach Marielund" schildert Inga Lindström diesen Landstrich auf bewegende Weise:

„Die Straße wand sich durch ein lichtes Birkenwäldchen, zwischen dessen hellen Stämmen die Sonnenstrahlen zu einem silbernen Gespinst verwoben schienen, wie in einem Märchen, das von Trollen und Elfen erzählt. Jenseits der Baumgrenze erstreckte sich Weidefläche in endlosem Grün, hier und da gesprenkelt vom wolligen Weiß einer Schafherde oder einer Schar behäbig grasender Kühe. Weizenfelder glänzten in der Ferne wie mattiertes Gold, in dessen Fläche sich vereinzelt die dunkel umgrenzten Gevierte einsamer Gehöfte auftaten. Der Sommer füllte die nordische Landschaft mit seinem eigentümlich klaren Licht, das alle Konturen zum Schimmern brachte.

*Das Holzhaus, dessen Fassade in warmem Gelb gestrichen war, hatte eine reich verzierte blaue Tür. Gleich würde eine junge Frau heraustreten, um nachzusehen, ob im Briefkasten am Zaun endlich die lang ersehnte Post lag.*

Im üppigen Grün der Wiesen leuchteten Sommerblumen in explosiver Farbenpracht. Lena erinnerte sich unwillkürlich an die vielen Sträuße, die sie und Ingrid als Kinder gepflückt hatten, duftendes weißes Mädesüß, blaue Glockenblumen, rote Weidenröschen, gelbes Wassergreiskraut, violettes Wiesenschaumkraut. Sie hatten sie zu Kränzen gewunden und Blumenprinzessin gespielt."

Das am Ostufer des Siljansees gelegene Rättvik gilt als das fröhliche Zentrum der Volksmusik und des Volkstanzes. Hier finden während der Sommermonate zahlreiche Veranstaltungen statt. Bemerkenswert sind auch die Rättviker „Kirchboote", die an eine Zeit erinnern, als man noch rudernd und stakend mit dem Boot zum Gottesdienst über den See kommen musste, um in der auf einer Landzunge stehenden Kirche mit ihrem unübersehbaren Turm zu beten. Wer zu Pferde kam, fand passenderweise gleich geräumige Stallungen neben dem Gotteshaus. Und von weither angereiste Bauern konnten sogar in eigens für diesen Zweck errichteten kleinen Häusern, die sich um die Kirche gruppieren, übernachten.

Kurz vor dem oberen Ende des Sees lohnt ein Zwischenstopp in der kleinen Gemeinde Nusnäs, wo angeblich das erste Dalarna-Pferdchen angefertigt wurde. Hier kann man in den Werkstätten bei der Fabrikation der kleinen Holztiere zuschauen und natürlich auch das ein oder andere Exemplar erwerben.

*In Rättvik, das man einst rudernd und stakend zum sonntäglichen Gottesdienst ansteuerte, kann man heute selbst unter fachkundiger Anleitung auf den See hinausfahren und mit Blick auf den hohen Kirchturm des Städtchens vergangener Zeiten gedenken.*

An der Nordspitze liegt genau zwischen Siljansee und Orsasjönsee der Ort Mora, dem vor allem im Winter internationale Aufmerksamkeit geschenkt wird. Hier findet jeweils am ersten Märzsonntag der berühmte Vasalauf („Vasasloppet") statt, bei dem rund 15.000 Menschen von Sälen aus auf Langlaufskiern eine Entfernung von neunzig Kilometern zurücklegen. Unterwegs gibt es Blaubeersuppe und Erfrischungen und trotz des harten Wettbewerbs herrscht unter Läufern und Zuschauern Volksfeststimmung.

Der Vasalauf geht übrigens auf eine historische Begebenheit zurück. 1521 forderte Gustav Vasa in Mora die Bevölkerung von Dalarna zum Freiheitskampf gegen die Dänen auf. Als diese ihm ihre Unterstützung versagten, wollte der spätere König das Land verlassen und brach mit Skiern in Richtung Norwegen auf. In Sälen wurde er jedoch eingeholt und zur Rückkehr bewegt, da die Bauern ihre Absage inzwischen bedauerten. So eilte Gustav Vasa die gesamte Strecke in Rekordzeit zurück.

In Orsa am Nordufer des Orsasjönsees und in den Nachbargemeinden lernt der Reisende zwei weitere Handwerkszweige der Region kennen, die

Herstellung von Schleifsteinen und das Korbflechten, beides in früheren Zeiten wichtige Einnahmequellen der Bewohner. Doch was die Gegend bis heute am meisten prägt, sind vor allem die bäuerlichen Tätigkeiten. Dalarnas höher gelegene Gebiete verfügen über saftige Weidegründe für das Vieh, und die Sennereien haben den ganzen Sommer über gut zu tun. Hier macht das Wandern richtig Spaß. Vor allem in Richtung des 549 Meter hohen Tandberget, beispielsweise bei Fryksås und Umgebung, kann man solche bewirtschaftete Höfe noch entdecken, auch wenn es von Jahr zu Jahr weniger werden.

Fünfzehn Kilometer nordwestlich von Orsa liegt das Freizeitgebiet „Orsa Grönklitt“, das mit vielfältigen Sport- und Familienaktivitäten lockt. Hier kann man Hütten mieten, Angelkurse belegen und viel wandern. Die größte Attraktion ist aber zweifellos der „Orsa Björnpark“, der größte Bärenpark Nordeuropas. Außer ausgewilderten Bären leben hier auch der im dünn besiedelten Norden Schwedens vorkommende gefährliche Vielfraß, Luchse, Wölfe und viele andere Wildtiere.

Der Bärenpark betrachtet diese Tiere ganz bewusst als Botschafter des Nordens. In den

*„Die Straße wand sich durch ein lichtes Birkenwäldchen, zwischen dessen hellen Stämmen die Sonnenstrahlen zu einem silbernen Gespinst verwoben schienen, wie in einem Märchen, das von Trollen und Elfen erzählt", heißt es in Inga Lindströms Erzählung „Sehnsucht nach Marielund".*

Wildnisregionen Lapplands, den schroffen Bergen und den weiten Ebenen der Kältegebiete haben sich eine reichhaltige Flora und eine unverwüstliche Fauna erhalten. Bär, Wolf und Vielfraß finden dort sichere Rückzugsgebiete, und der Mensch begegnet ihnen mit großem Respekt. Denn auch das ist Schweden: ein Land, das den Naturschutz ernst nimmt.

NORSTEDTS

# Stockholm und der Schärengarten

# Stockholm und der Schärengarten

*Wer zum ersten Mal nach Stockholm kommt, wird bei einem Rundgang schon bald von der besonderen Lage der Stadt – oft auch Venedig des Nordens genannt – fasziniert sein.*

Die Stadt erstreckt sich über vierzehn Inseln und ist so eng mit dem Wasser verbunden, dass der Spaziergang über Brücken und an Ufern entlang schnell ihre zweite Besonderheit vergessen lässt: Stockholm liegt zugleich an einem Binnensee und an einem Meer.

Der riesige Mälarsee mit seinem Süßwasser geht an der Schleuse in der Innenstadt in die Ostsee über. Dort wird etwa ein halber Meter Höhenunterschied überwunden, Salz- und Süßwasser fließen nicht ungehindert ineinander. Die Wasserstraßen des Mälarsees stellen zugleich die Verbindung des Hinterlandes zur Hauptstadt her.

Die Entwicklung Stockholms von der ersten bewohnten Insel Stadsholmen, der heutigen Altstadt Gamla Stan, bis zur großen Weltmetropole ist von vielen historischen Ereignissen geprägt. Nachdem 1252 ein Reichsverweser namens Birger Jarl auf Stadsholmen mit der Entscheidung, eine kleine Siedlung zu seiner Residenz zu machen, die spätere Hauptstadt begründete und damit auch die Besiedelung der anderen Inseln ermöglichte, begann ein neuer Handelsplatz zu erblühen. Besonders deutsche Kaufleute, die im 14. Jahrhundert mit der Hanse in die fremde Region gekommen waren, gewannen rasch an Einfluss und ließen sich hier nieder. Nach verlorener Schlacht gegen die Dänen

war es erst König Gustav Vasa, der 1523 mit seinem Einzug in die Stadt das Selbstbewusstsein der Schweden wiederherstellte. Hauptstadt des Landes wurde Stockholm schließlich im Jahr 1634.

Es mag an der Geschichte als Handelsplatz liegen, dass Großzügigkeit und Eleganz, wie sie in ähnlicher Form auch in internationalen Handels- und Reederstädten wie Hamburg oder London zu finden sind, das Straßenbild und die Architektur Stockholms geprägt haben. Herrschaftliche hohe Häuserfronten unter noblen Kupferdächern reihen sich am Wasser entlang, neben dem Schloss ebenso wie auf der anderen Seite der Brücke. Östermalm als edelstes Wohnviertel wartet mit den meisten Prachtbauten und vornehmen Bürgerhäusern auf. Doch dies ist längst noch nicht alles, was Stockholm zu bieten hat. Auf den zweiten Blick offenbart die Stadt eine ungeheure Vielfalt, sowohl kulturell und architektonisch als auch im Hinblick auf touristische Attraktionen. Die lebendigen Einkaufsviertel mit ihren Galerien und Fußgängerzonen gehören ebenso dazu wie die Kais, an denen Jachten und Ausflugsschiffe liegen, und natürlich die Gassen von Gamla Stan.

*In den Gassen von Gamla Stan dringen durch die geöffneten Fenster eines Hauses fröhliche Kinderstimmen. Nebenan spielt jemand Klavier, nur wenige Schritte weiter ertönt das Glockenspiel vom Turm der alten Kirche.*

Beginnen wir mit der Altstadt, denn schließlich will die Neugier auf Stockholms buntes historisches Viertel erfahrungsgemäß rasch gestillt werden. Gamla Stan erstreckt sich über die Inseln Stadsholmen, Riddarholmen und Helgeandsholmen, doch in der Wahrnehmung des Besuchers stellt sich das gesamte, durch Brücken miteinander verbundene Areal als Einheit dar. Die schmalen Gassen mit ihren farbigen Häusern geben noch heute die mittelalterliche Struktur wieder, wie wir sie auch in den Straßen einiger besonders malerischer Orte entlang dem Mälarsee kennengelernt haben. Zum besonderen Flair der Inseln tragen auch kleine Plätze mit Cafés, Restaurants, Galerien und hübschen Läden bei – und natürlich die Straßenmusikanten und andere Künstler, die die Aufmerksamkeit der Flaneure auf sich ziehen.

Der Platz Stortoget gilt aus historischen Gründen als das Herz Stockholms. Hier ließ Christian II. von Dänemark im Jahr 1520 82 führende Persönlichkeiten Schwedens hinrichten, ein Ereignis, das als „Stockholmer Blutbad" in die Geschichte einging. Die im 18. Jahrhundert erbaute Börse mit der klassizistischen Säulenfassade ist heute unter anderem Sitz der Schwedischen Akademie. Die nicht weit entfernte Tyska Kyrkan, die deutsche Kirche St. Gertrud, war ursprünglich das Versammlungshaus der Deutschen, wurde 1570 zu einem Gotteshaus umgebaut und Mitte des 17. Jahrhunderts im

*Über der Insel Riddarholmen, die zum ursprünglichen Stadtkern gehört, erhebt sich der durchbrochene Turm der Tyska Kyrkan, einst Kirche der deutschen Kaufmannsgilde. Überall an den Kais haben Schiffe festgemacht, mit denen man Hafenrundfahrten oder einen Ausflug in Stockholms Schärengarten unternehmen kann.*

Stil des Barock umgestaltet. Wie viele andere Gebäude in Gamla Stan ist sie ein Symbol für die Bedeutung und Präsenz der deutschen Kaufleute, die sich beispielsweise in der Köpmangatan niedergelassen hatten und der Stadt in vielen Bereichen nachhaltige Impulse gaben.

Zwischen Österlangatan und Skeppsbron lassen die kleinen, dunklen Gassen ahnen, wie früher das Hafenleben auf der Insel aussah. Hier vergisst man schnell, dass auf der anderen Seite der Brücke die Pulsfrequenz der Großstadt in ganz anderem Takt schlägt.

Das Königliche Schloss (Kungliga Slott) auf Stadsholmen ist schon lange nicht mehr Wohnort des schwedischen Königs. Seit 1982 leben König Carl XVI. Gustav und Königin Silvia auf Drottningholm (siehe Seite 44), doch für repräsentative Aufgaben nutzen sie nach wie vor das Stadtschloss. Von den rund 600 Räumen, darunter die königlichen Gemächer, sind viele zu besichtigen. Sehenswert sind aber auch die prunkvollen Festsäle, der Audienzsaal und die Schatzkammer im Kellergewölbe, in der die Kronjuwelen Schwedens bewundert werden können.

*Das Grand Hotel mit dem kupfergrünen Dach und im Wind flatternden Fahnen ist die beste Adresse Stockholms, nicht nur zum Übernachten, sondern auch, um das berühmte schwedische Büfett, das „Smörgåsbord", zu genießen. Im Vordergrund rechts steht das Nationalmuseum, das unter anderem eine bedeutende Sammlung flämischer Malerei des 17. Jahrhunderts beherbergt.*

Eine der größten Attraktionen ist zweifellos zur Mittagszeit der Wachwechsel mit musikalischer Begleitung. Er ist zwar weitaus weniger pompös als vor dem Londoner Buckingham Palast, vermittelt aber dennoch ein wenig das Gefühl, einem echten Königsschloss nahe zu sein.

Das Stockholmer Schloss steht an der Stelle, an der einst Birger Jarl seine Burg „Tre Kronor" errichten ließ, die im Jahr 1697 einem Brand zum Opfer fiel. Der heutige Bau im Barockstil wurde 1754 nach Plänen von Nicodemus Tessin dem Jüngeren vollendet.

Der Dom Storkyrkan, neben der Schlossanlage gelegen, ist die Krönungskirche aller Herrscher Schwedens, ausgenommen Königs Gustav V. Auch heute noch ist er von großer Bedeutung für die königliche Familie und wird immer wieder zu besonderen Anlässen wie zum Beispiel Taufen von ihr genutzt.

Auf der Insel Riddarholmen befindet sich das Riddarhus, bis 1865 Sitz der Adelskammer des schwedischen Ständeparlaments und heute als eines der schönsten Häuser in Gamla Stan Zeuge großer Zeiten. Ganz in der Nähe dieses einst so wichtigen Ortes wurden vor einigen Jahren zum ersten Mal die Kameras für die Inga-Lindström-Reihe des ZDF aufgebaut. Hier fand Regisseurin Karola Meeder genau die Atmosphäre vor, die der literarische Stoff für die realistische Schilderung von Gamla Stan benötigte. Seither sind in Stockholms Altstadt

*Allein schon aufgrund ihrer Lage ist Schwedens Hauptstadt vom Wasser geprägt. Allerorten liegen Schiffe und Boote unterschiedlichster Bauart, von der großen Fähre über beachtliche Dreimaster und Ausflugsschiffe bis hin zum liebevoll restaurierten kleinen Segelboot.*

zahlreiche große Szenen gedreht worden, vor allem für die Filme „Wind über den Schären", „Mittsommerliebe" und „Entscheidung am Fluss", aber auch für viele andere erfolgreiche Produktionen der Reihe.

Bei der filmischen Umsetzung der Lindström-Erzählungen ist und bleibt – nicht zuletzt im Interesse der Zuschauer – die Authentizität der Orte oberstes Gebot. Und da die Geschichten an verschiedenen Orten spielen, muss das Filmteam oft durch das Land reisen. So wurde für den Film „Mittsommerliebe" hauptsächlich im Norden von Gimo gedreht, aber auch in Stockholm. Wenn es die literarische Vorlage erfordert, werden selbst kleine Szenen in Gamla Stan mit der Kamera festgehalten, um die Glaubwürdigkeit der Geschichten zu bewahren.

Wer für seinen Stockholm-Besuch Zeit genug mitbringt, wird neben dem Charme von Gamla Stan auch in den übrigen Stadtteilen jede Menge Besichtigungs- und Unterhaltungsmöglichkeiten finden. Vor allem zwischen den Straßen Stureplan (wo sich auch viele der besten Restaurants befinden), Hamnsgatan und Birger Jarlsgatan kann man nach Herzenslust einkaufen, so zum Beispiel in den überdachten Ladenpassagen und Kaufhäusern wie dem bekannten NK.

Wer jedoch nur einen Tag in der Stadt verbringen kann, für den bietet sich nach dem anregenden Besuch von Gamla Stan eine besonders ergiebige Besichtigungstour an. Nennen wir sie einfach „Inga-Lindström-Tour", denn dieser Spaziergang führt nicht nur zu etlichen Höhepunkten

*Viele Fassaden entlang den Kais von Gamla Stan zeugen vom einstigen und auch heutigen Reichtum der Stadt. Stockholms Bedeutung als Handelsplatz reicht weit in die Vergangenheit zurück. Nicht zuletzt deutsche Kaufleute waren es, die zur wirtschaftlichen Blüte einen großen Beitrag leisteten.*

Stockholms, sondern hält auch eine Vielzahl filmischer Motive bereit.

Zunächst geht es über die Brücke zum Platz Gustav Adolfs Torg mit der Oper, einem eindrucksvollen Gebäude, das die Begeisterung der Stockholmer für jede Art von kultureller Veranstaltung ahnen lässt. Von hier aus kann man auch den Kungsträdgården, Stockholms ältesten Park, und seine Umgebung gut erkunden. Dort, wo einst das königliche Gemüse angebaut wurde, findet man heute mit der Nähe zur quirligen Hamngatan die richtige Mischung aus Stadtpark-Lebendigkeit und Eleganz.

An der Södra Blasieholmshamnen, auf der dem Hafen zugewandten Seite von Blasieholmen, erhebt sich das vornehme Grand Hotel, Stockholms exklusivste Unterkunft, in der man mit Blick über das Wasser, die Altstadt und das Königliche Schloss äußerst komfortabel übernachten kann. Auch in den benachbarten Straßen gibt es zahlreiche feine Adressen, denn in den herrschaftlichen Gebäuden aus dem 19. Jahrhundert haben traditionell Auktionshäuser, Banken und die Büros internationaler Firmen ihren Sitz. Spaziert man von hier aus bis zum Nybrokajen weiter, vorbei an Ausflugsschiffen, alten Segeljachten und umgebauten kleinen Frachtkähnen, erlebt man eine der schönsten Seiten Stockholms. Der Blick zurück auf das Schloss und auf die Insel Skeppsholmen, aber auch hinüber zu den großen Ostseefähren auf der anderen Seite der Bucht, offenbart

*Neben der Brücke, die hinüber zur grünen Lunge der Stadt, Djurgården, führt, liegt das Lokal „Djurgårdsbrons Sjökafé", dessen große Terrasse auf Stelzen im Wasser steht. Ein wunderbarer Ort, um sich mit Blick auf das Treiben am anderen Ufer bei Kaffee und einem Imbiss zu stärken.*

ein gewaltiges Panorama unvergleichlicher Großzügigkeit.

Die nächste Etappe gilt der die Insel Skeppsholmen, die über eine Brücke bequem zu erreichen ist. Dort befindet sich das berühmte „Moderna Museet" mit einer der besten Sammlungen zeitgenössischer Kunst Europas, samt dem dazugehörigen Festivalgelände. Aber auch das „Östasiatiska Museet", das „Arkitekturmuseet" und die Königliche Kunsthochschule zeugen von der besonderen Bedeutung dieser Insel für die Kultur der Stadt. Es bereitet großes Vergnügen, hier durch die Straßen und Alleen zu streifen und sich von den alten Gebäuden an jene vergangene Zeit erinnern zu lassen, als Skeppsholmen von dem emsigen Treiben in seinen Häfen lebte.

Wieder zurückgekehrt nach Blasieholmen, führt der Weg über den Nybrokajen zum östlichen Ende der belebten Hamngatan, wo der vornehme Stadtteil Östermalm beginnt. Selbst wenn man am Wasser bleibt und nicht die Zeit hat, dieses Viertel und seine Straßen genauer zu erkunden, spürt man doch auf jedem Meter, welche Pracht hier zu Hause war und noch immer ist. Vor allem in der am Ufer gelegenen Boulevardallee Strandvägen, gesäumt von palastartigen Häusern mit imposanten Fassaden, ist viel von dem architektonischen Ehrgeiz des 19. Jahrhunderts erhalten geblieben. Entlang dem Kai haben zahlreiche alte Holzschiffe festgemacht, deren Geschichte oft eng verbunden ist mit der einst abenteuerlichen Ostsee-Schifffahrt.

*Spaziergänge im Grünen, eine Karussellfahrt im Tivoli, ein Konzert unter freiem Himmel – einst königliches Jagdrevier, ist die Insel Djurgården heute ein reizvolles Naherholungsgebiet für die Stockholmer.*

*Im meistbesuchten Museum Skandinaviens kann man von verschiedenen Ebenen aus das restaurierte Wrack der „Vasa" besichtigen, die bereits auf ihrer Jungfernfahrt im Stockholmer Hafen sank. Mit 700 Holzskulpturen verziert, gleicht das Schiff einem schwimmenden Palast.*

In Richtung Westen gelangt man zu jener Brücke, die auf die Insel Djurgården führt. Hier haben sich betuchte Stockholmer in prächtigen Villen niedergelassen, doch der größte Teil steht als grüne Lunge der Stadt allen zur Verfügung. Das ehemalige Jagdrevier der schwedischen Könige ist heute ein riesiges Erholungsgebiet, das alles bietet, was der gestresste Städter braucht: endlose Spazierwege, Joggingpfade, Wiesen, Wald und den Vergnügungspark „Gröna Lund Tivoli" mit Karussells, Würstchenbuden, Cafés und Restaurants.

Hat man die Insel erreicht, ist schon von weitem das Vasa-Museum zu sehen, dessen Bau einem Schiff nachempfunden ist. Hier befindet sich eine der berühmtesten Sehenswürdigkeiten Stockholms, das Schlachtschiff „Vasa", von Gustav II. Adolf 1625 in Auftrag gegeben und aus mehr als tausend Eichen erbaut.

Doch das stolze Schiff, mit einem 52 Meter hohen Mast und mit wertvollen Holzfiguren und Schnitzarbeiten versehen, machte dem König keine Ehre. Als er erfuhr, dass die feindlichen Polen ein Kriegsschiff ähnlichen Ausmaßes bauten, ließ er es mit 64 Kanonen bestücken. Dies war mehr als ursprünglich vorgesehen, was sich zum Nachteil für die Statik erwies. Auf ihrer Jungfernfahrt am

*Das Freilichtmuseum Skansen vermittelt einen lebendigen Eindruck von der schwedischen Kulturtradition. Das 1908 erbaute „Folkets Hus" stammt aus einer kleinen Gemeinde in Värmland und diente als Versammlungsort, um Unterrichtskurse abzuhalten und politische Diskussionen zu führen.*

10. August 1628 sank die „Vasa" vor der Insel Djurgården. Diese Katastrophe kostete fünfzig Menschen das Leben, darunter Mannschaftsangehörige, die das große Ereignis der ersten Fahrt miterleben wollten.

Erst 1961 wurde das im Schlick versunkene, gut erhaltene Schiff geborgen und viele Jahre lang restauriert. Heute steht die „Vasa" in ihrem eigenen Museum, ein wertvoller Schatz im Halbdunkel der großen Halle, aus nächster Nähe bestaunt von Besuchern aus aller Welt, die auf diese Weise mehr über das mittelalterliche Schweden erfahren als aus manchen Geschichtsbüchern. Man sieht die Mannschaft des Königs geradezu vor sich, wie sie zum ersten Mal die riesigen Segel hisst, während die 450 Kilogramm schwere Galionsfigur des königlichen Löwen hoch aufragend über dem Bug in den Wind der Ostsee sticht.

Auf Djurgården erwartet den Besucher noch eine zweite Attraktion: das Freilichtmuseum Skansen. 1891 schuf man hier weltweit zum ersten Mal die Möglichkeit, das ursprüngliche Leben der ländlichen Bevölkerung in einem nachgebauten Dorf zu besichtigen. Das Besondere daran ist jedoch, dass es sich dabei um rund 150 Originalgebäude handelt, die für „Skansen" in ganz Schweden zusammengetragen wurden, so etwa das hölzerne Herrenhaus Skogaholms mit seinem Garten und zahlreiche Bauernhöfe. Viehweiden mit Haustieren, Handwerkerhäuser, kleine Gassen und die romantische rote Seglora-Kirche

*Wer durch das Stadtviertel von Skansen schlendert, gewinnt eine Vorstellung vom urbanen Leben im 19. Jahrhundert. Neben Händlern waren hier Handwerker ansässig, die zumeist im selben Haus arbeiteten und wohnten. Um ihr Gewerbe auszuüben, mussten sie eingetragene Bürger sein.*

aus dem Jahr 1730 gehören ebenfalls zu dieser herrlichen Anlage.

Doch nicht nur das bäuerliche Leben aller Landesregionen kann man hier entdecken, auch Bräuche und Feste werden in Skansen alljährlich liebevoll zelebriert. In vielen der alten Gebäude demonstrieren Handwerker und Künstler in historischen Werkstätten die Arbeitsweise der vorindustriellen Zeit, und in der Seglora-Kirche werden auch heute noch Gottesdienste abgehalten und junge Paare getraut. So lebt Skansen die schwedischen Traditionen in vielfältiger Weise nach.

Zu den schönsten Veranstaltungen gehört zweifellos das Mittsommerfest auf dem Gelände. Tausende von Menschen versammeln sich dann im Juni um die „majstång", man tanzt und singt zusammen, manche Frauen flechten sich Blumen ins Haar. Viele Familien setzen sich mit ihren Kindern zum Picknick auf eine Wiese oder auf die Stufen der historischen Bauernhäuser und schauen von hier aus unter den Klängen der Volksmusik dem fröhlichen Treiben zu.

In Skansen gibt es außerdem einen kleinen zoologischen Garten mit Bären, Wölfen, Seelöwen,

*Das Mittsommerfest wird in Skansen drei Tage lang gefeiert. Nicht fehlen darf die „majstång“, eine mit Blumen und grünen Zweigen geschmückte Stange, um die Alt und Jung ausgelassen tanzen. Wenn ein Mädchen in dieser Nacht auf sieben verschiedenen Wiesen sieben verschiedene Blumen pflückt und diese unter sein Kopfkissen legt, wird ihm im Traum ihr Allerliebster erscheinen.*

aber auch alten Haustierrassen und natürlich Elchen, die sich all jene aus der Nähe anschauen können, die nicht das Glück hatten, unterwegs einem dieser beeindruckenden Tiere zu begegnen. Auch kleine Museen wie das Tabaksmuseum befinden sich auf dem etwa dreißig Hektar großen Gelände, das von parkartigen Wegen durchzogen ist. Bei einem entspannenden Spaziergang kommt hier sicher jeder auf seine Kosten. Und so kehrt man voller Eindrücke von der „Inga-Lindström-Tour“ zur City zurück. Sind die Füße allmählich müde geworden, kann man auch eines der kleinen Ausflugsschiffe besteigen und von Bord aus die grandiose Stadtkulisse langsam näher kommen sehen.

*„Zahllose kleine und größere Inseln waren über den Sund verstreut wie Smaragde auf blauem Samt, und nur hier und da leuchtete es rot in dem Grün der Inselchen oder am Ufer, wenn eine Ansammlung von Häusern auftauchte."*

*Für viele Reisende sind die Schären mit ihrer einzigartigen Natur, Beschaulichkeit und Ruhe der Inbegriff von schwedischer Idylle.*

Die Krönung eines Stockholmbesuchs ist zweifellos eine Fahrt durch den Schärengarten der Stadt. Doch was mit dem Begriff „Garten" so klein und überschaubar klingt, ist in Wirklichkeit ein hundert Kilometer weites Meeresgebiet mit 24.000 Inseln und Schären, oft nur kleine, von Wellen und Wind rund geschliffene Felserhebungen, vielfach jedoch auch große, bewohnte Inseln mit Häfen und einer Gemeindestruktur. Der Transport wird von den Inselbewohnern mit eigenen Booten geregelt, von Stockholm aus kann man mit diversen weißen Schärendampfern und Ausflugsschiffen diese überaus reizvolle „Wasser-Landschaft" besuchen.

Der Charakter der Schäreninseln ist höchst unterschiedlich, doch eines haben die meisten von ihnen gemeinsam – sie sind kleine, in sich geschlossene Naturparadiese. Als grüne Oasen sind sie Heimat einer reichen Tierwelt und Vegetation. Oft kaum erreichbar, gehören sie nur den Seevögeln und dem Wild. Seltene Blumen, darunter auch Orchideenarten, trotzen mit ihrer Blütenpracht dem Ostseewind.

Direkt vor dem Grand Hotel, aber auch von Strandvägen und Nybrokajen aus legen die Schiffe ab mit Kurs auf die Welt der Schären. Hat man nicht allzu viel Zeit, wählt man am besten die kurze Tour, vorbei an Djurgården und an den Inselküsten der Stockholmer Vororte, um danach erste Eindrücke von der wilden Schärenlandschaft zu gewinnen.

*Auch eine der schönsten Geschichten von Astrid Lindgren spielt auf den Schären: „Ferien auf Saltkrokan". Auf einer der Inseln verbringt Vater Melcherson mit seinen vier Kindern einen herrlichen Sommer. Seine Freude gipfelt in dem Ausruf: „Dieser Tag ein Leben!"*

Am schnellsten erreichbar ist die Schäreninsel Fjäderholmarna, schon nach fünfundzwanzig Minuten hat man den Hafen der Insel angelaufen und kann über ein idyllisches Eiland mit Restaurants, malerischen Anlegestellen und Kunsthandwerksstätten spazieren. Interessant ist gewiss auch ein Besuch des Ostsee-Aquariums.

In etwa einer Stunde ist man in Vaxholm. Die kleine Stadt nennt sich stolz Hauptstadt des Schärengartens und erstreckt sich als Gemeinde über 64 Inseln, auf denen viele Stockholmer ihr Sommerhaus haben. Sie ist ein wichtiges Zentrum, das viele Bewohner benachbarter Inseln für alltägliche Erledigungen nutzen, um nicht bis Stockholm fahren zu müssen. Hier kann man sich gut für ein paar Stunden aufhalten, einkaufen und durch die Straßen mit den teilweise noch alten Häusern bummeln. Schon bei der Einfahrt in den Hafen erblickt man das auf einer kleinen Insel gelegene Symbol Vaxholms, die von König Gustav Vasa errichtete trutzige Festung, mit der vor allem dänische und russische Eroberer abgehalten werden sollten. Doch Vaxholms Geschichte ist nicht nur mit der Politik des Vasa-Königs eng verbunden, sondern auch mit dem Ruf der Vaxholmer Fischer, besonders gute Heringe zu fangen. Dass die Insel im 19. Jahrhundert auch eine gesuchte Adresse für Urlaubsresidenzen wurde, zeigt sich bis heute an der Architektur vieler Häuser.

Von Vaxholm aus bietet sich ein Abstecher auf die Insel Ljusterö an. Hier kann man herrlich wandern und Fahrrad fahren. Ein Schiff bringt die Ausflügler geradewegs nach Stockholm zurück.

Ebenfalls in vergleichsweiser Nähe befindet sich die Küstengemeinde Dalarö, die weit in den Schärengarten hineinragt und dennoch von Stockholm aus mit der S-Bahn (Centralstationen) oder dem Bus (Buslinie 839 ab Haninge Centrum) in nur einer Stunde zu erreichen ist. Schon im 19. Jahrhundert war Dalarö ein beliebtes Ferienziel, das seinerzeit für ganz Schweden eine Besonderheit barg, denn ein großer Teil der Gebäude wurde damals im schweizerischen Baustil errichtet. Doch 1890 machte ein großer Brand der architektonischen Eigenwilligkeit ein Ende und zerstörte die meisten dieser Häuser.

*Zu vielen Häusern auf den Schären gehört ein Boot, oft das einzige Verkehrsmittel, mit dem man Einkäufe machen und Ausflüge unternehmen kann.*

Bis 1719, als die Russen die Stadt vernichteten, war Dalarös Zollstation von großer Bedeutung für das Land. Die besondere Lage an der Ostsee und die Verbindung zu Stockholm prädestinierte den Ort wie keinen anderen dafür. Doch ein gutes Jahrhundert später hatten sich auch in Dalarö die Zeiten geändert – der Tourismus begann. Künstler, Schriftsteller und Schwedens Adel, darunter auch die königliche Familie, entdeckten den Küstenort für die Sommermonate. Noch heute sind das „Societetshuset“, wo sich die feine Gesellschaft zur Unterhaltung traf, und das alte Zollhaus besonders sehenswert.

Mit seinen Häfen, darunter auch einige für Charterboote, ist Dalarö ein attraktiver Urlaubsort. Die unmittelbare Nähe zum Schärengarten, aber auch die angenehmen Übernachtungsmöglichkeiten und viele schöne Wege zur Erkundung der Küste locken nicht nur Touristen an, sondern auch immer wieder das Inga-Lindström-Filmteam. Vor allem bei der Produktion „In den Netzen der Liebe“, der romantischen Geschichte um eine junge Fischerin, haben die Hafenatmosphäre und die sympathische Welt der Ferienhäuser und Freizeitkapitäne viele stimmungsvolle Bilder geliefert.

Zur Schäreninsel Möja dauert das Übersetzen von Stockholm aus zwei Stunden. Dort angekommen, erwarten den Besucher viele idyllische Eindrücke. Die kleinen roten Häuser bieten Urlaubern Unterkünfte, wildreiche Naturschutzgebiete und kleine Häfen prägen das Bild. Möja ist ein

*Der südlich von Stockholm gelegene Ort Dalarö ist im Sommer ein beliebtes Ferienziel. Hier fanden unter anderem für den Inga-Lindström-Film „In den Netzen der Liebe“ Dreharbeiten statt.*

Sommerparadies, das vor allem Wassersportlern und Anglern viel zu bieten hat.

Die kleine Insel Utö gehört trotz einer dreistündigen Anreise zu den besonders beliebten Zielen der Stockholmer Wochenendurlauber. Schon die Wikinger wussten, dass es sich hier gut leben lässt, und ihre Nachkommen haben es verstanden, ihre Insel mit hübschen Ferienhäusern, schönen Bademöglichkeiten und zahlreichen Angeboten für Fahrrad- und Kanufahrten attraktiv zu machen. Die Erinnerung an die frühmittelalterliche Zeit des Eisenerzabbaus ist an vielen Stellen wach geblieben. Zu weiteren Zeugnissen aus der Vergangenheit gehört eine Windmühle aus dem Jahr 1791.

Etwa fünfzig Kilometer von Stockholm entfernt liegt am Rand des Schärengartens Sandhamn, ein kleiner Ort mit großem Namen, jedenfalls in der Welt der Segler. Hier hat der Königlich-Schwedische Jachtclub seinen Sitz und sorgt jedes Jahr mit der anspruchsvollen Gotland-Regatta für Aufsehen. In Sandhamns kleinen Gassen herrscht im Sommer reges Leben. Viele Gäste kommen zum Baden, denn die Strände der Insel sind vorzüglich, andere genießen den Bummel durch den malerischen Ort und bleiben über Nacht. Der besondere Reiz der Insel ergibt sich auch aus ihrer Lage als eine Art Leuchtfeuer des Schärengartens, denn von hier aus liegt die Ostsee offen und durch weitere Schären fast ungehindert vor den Schiffen, mit denen viele Urlauber angereist sind.

*Oft sind die blühenden Gärten der bunten Häuser von alten Holzzäunen umgeben. Durch das weiß gestrichene Tor gelangt man über einen Kiesweg zur Veranda, deren Holzdielen bei jedem Schritt knarren.*

*Auf der tiefen Fensterbank des urigen Trödelladens steht ein Sammelsurium von nützlichen oder einfach nur hübschen Dingen: blütenweiße Teller, farbige Glasperlenketten, seeblau und hellgrün schimmernde Gläser.*

Die meisten der Freizeitkapitäne kommen im Sommer zum „Inselhüpfen“. Mit großen und kleinen, alten und nagelneuen Schiffen fahren sie durch die Schärenlandschaft, was heute durch moderne Navigationsgeräte zwar sicherer geworden ist, aber für Unerfahrene durchaus noch seine Tücken bergen kann.

Halb Schweden scheint dann an warmen Tagen auf den Wasserwegen der Schären unterwegs zu sein, manche Familien nur, um nach wenigen Meilen „ihre“ Schäreninsel mit dem eigenen Ferienhaus anzulaufen, viele andere jedoch, um für ein paar Tage oder länger auf ihrem Boot zu übernachten und tagsüber von Insel zu Insel zu fahren. Man legt an, versorgt sich mit Proviant und spaziert durch die Gassen pittoresker kleiner Orte, um dann abends nach dem Besuch einer urigen Hafenkneipe und einem Gute-Nacht-Drink an Deck in der eigenen Koje unter sanftem Schaukeln einzuschlafen. Und wenn morgens die Sonne über den Schären aufgeht, während schon die ersten Fischerboote aus dem Hafen tuckern, kann man sich dessen gewiss sein, dass auch dieser Urlaubstag in Stockholms Schärengarten wieder ein Tag voller Glück bedeutet ...

Himla hissgardin

# Von Schonen nach Bohuslän

*Dass Schwedens Südzipfel mit der Provinz Schonen (Skåne) für Landsleute aus dem nördlichen Teil oft ein wenig exotisch wirkt, hat mit dem etwas anderen Lebensrhythmus zu tun, der hier vorherrscht. Der dänische Einschlag nach Jahrhunderten der Zugehörigkeit zu dem Nachbarland lässt sich nicht leugnen – in Schonen isst und feiert man ausgesprochen gerne, schnell bekommt man das Gefühl, im Urlaub zu sein. An langen Sandstränden und in den lebendigen Küstenstädten erscheint der schwedische Sommer turbulent und abwechslungsreich. Doch wie in anderen Ländern auch, wo Nord und Süd oder Ost und West sich durch unterschiedliche Mentalitäten auszeichnen, gleichwohl aber jede Region ihre eigenen Glanzpunkte vorzuweisen hat, ist die typologische Verschiedenheit am Ende nicht allzu ernst zu nehmen.*

*Schonen ist ein wahrer Sommertraum, sein liebliches Erscheinungsbild ist farbenreich und warm. Stark geprägt durch die rundum verlaufende Küstenlinie, ist der Süden in seinem ganzen Wesen dem Meer verbunden. Die Landschaft ist zwar etwas flacher und in gewisser Weise auch weniger spektakulär als im Norden, doch dafür herrscht hier ein sehr angenehmes, mildes Klima. Duftende Kiefernwälder und bunte Wiesen bilden einen reizvollen Kontrast zu endlosen gelben Rapsfeldern.*

*Auch der Baustil unterscheidet sich oft von dem im übrigen Schweden. Die Farbe Falunrot ist zwar auch hier präsent, aber sie dominiert nun nicht mehr, gelbe Fachwerkhäuser wechseln sich mit weiß gekalktem Gemäuer ab, und allerorten sind Reetdächer zu finden.*

*Die lange Besiedelungsgeschichte Schonens hat eine Fülle von historischen Denkmälern hinterlassen, vom alten Königsgrab bis zu prächtigen Schlössern. Überall auf dem Land kann man schöne Herrenhäuser entdecken, aber auch romantische weiß getünchte Kirchen und viele andere alte Gebäude lohnen bei Wanderungen oder Fahrten durch die Dörfer einen Halt.*

*Schonen ist der Sommergarten, von dem alle träumen, das „sanfte Gemüt" unter den schwedischen Landschaften – und es weckt die Sehnsucht nach Ferien.*

# Von Sölvesborg bis Ystad

*Dort, wo sich eine große Bucht der Ostsee vom kleinen Ort Sölvesborg bis hinunter nach Simrishamn als „Hanöbukten" öffnet, soll unsere Fahrt durch Skåne beginnen.*

Sölvesborg präsentiert sich als liebenswerte, hübsche Gemeinde, die wegen ihrer verwinkelten Gässchen und der siebenhundert Jahre alten Nikolaikirche einen Besuch wert ist. Vor allem die Kalkmalereien im Inneren der Kirche aus dem 15. Jahrhundert und der geheimnisvolle Runenstein aus der Wikingerzeit, dessen Inschrift aufgrund ihres Alters kaum übersetzbar ist, sind historische Besonderheiten.

Ein Abstecher in die Dörfer und kleinen Flecken an der Grenze zur Provinz Blekinge lässt die Vielfalt des Landesinneren ahnen. Der Anblick stattlicher Bauernhöfe und einsamer Gewässer hat eine ausgesprochen beruhigende Wirkung auf das eigene Befinden.

Mit der alten Festung Kristianstad, die der dänische König Christian IV. im Jahr 1614 nach Renaissancemuster auf dem Reißbrett erschaffen ließ, erreichen wir eine Stadt mit unverwechselbarem Gesicht. Wo einst Festungswälle die Schweden abhalten sollten, locken heute Alleen und großzügige Einkaufsstraßen viele Besucher ins Zentrum. Zum Bummeln und Essengehen ist Kristanstad ein beliebtes Ziel, aber auch viele Maler und vor allem Bildhauer haben hier Ateliers und stellen ihre Werke aus. Seit jeher hat Schonen Künstler magnetisch angezogen, vielleicht allein schon deshalb, weil das

*Schloss Wanås, nördlich von Kristianstad bei Knislinge gelegen, ist ein beliebtes Ziel für Kunstliebhaber. Hier finden regelmäßig Ausstellungen statt. Die Skulpturen in der weitläufigen Parkanlage stammen hauptsächlich von skandinavischen und amerikanischen Künstlern.*

weiche Licht des südlichen Schweden die Kreativität und Schaffensfreude anregt. So mag es nicht verwunderlich sein, dass hier auch die Anfänge der schwedischen Filmindustrie zu finden sind. Etwa 1910 wurde in Kristianstad ein Filmstudio gegründet, dessen Geschichte heute im Filmmuseum dokumentiert ist. Kunstinteressierte sollten auch einen Abstecher Richtung Norden zum Schloss Wanås machen, das durch seinen Skulpturenpark international bekannt ist. Für Schlossliebhaber ebenfalls ein Muss: Schloss Bäckaskog, ein ehemaliges Kloster und einst Landsitz von König Karl XV., in dem man auch übernachten und sehr gut speisen kann.

Über das Aalfang-Zentrum Åhus mit seinem Strand und vielen Golfplätzen in der Umgebung gelangt man schließlich in eines der landwirtschaftlich ertragreichsten Gebiete Schwedens – Österlen, das „Land im Osten".

Das Fischerdorf Kivik mit seinen malerischen Fachwerkhäusern und den riesigen Apfelbaumplantagen im Hinterland ist für viele ein Sinnbild der Fruchtbarkeit Schonens. Ein großer Teil der schwedischen Apfelproduktion stammt aus dieser Region, die Obstmärkte und eine große Marktveranstaltung im Juli locken alljährlich zahlreiche Besucher in den Ort.

Eine zweite Attraktion ist der südlich von Kivik gelegene „Stenshuvud Nationalpark". Der vor allem von Hainbuchen geprägte Laubwald beherbergt viele seltene Vogelarten, darunter besonders

Nachtigallen, und seltene Pflanzen, vor allem zahlreiche Orchideenarten, gedeihen im Überfluss. Ein fast hundert Meter hohes Kliff erhebt sich über dem Strand und versetzt jeden, der das urwaldhafte Gebiet durchwandert, in Staunen. Bevor man sich auf die angelegten Parkwege begibt, sollte man sich im „Naturum“, dem Besucherzentrum, mit vielen Informationen auf den weitläufigen Nationalpark einstimmen lassen. Die üppige Vegetation mit ihrer unvergleichlichen Blütenpracht, so dicht am Meer und doch in einer Welt für sich, ist Balsam für Körper und Seele.

Wer mehr über die Region Österlen erfahren möchte, sollte sich das Österlens Museum in der Hafenstadt Simrishamn nicht entgehen lassen. Dort wird mit Ausstellungen zur Fischerei, Seefahrt und zum Kunsthandwerk das kulturelle Erbe dieser Landschaft bewahrt und dem Besucher auf liebevolle Weise vermittelt.

Wie fast alle Dörfer und Städte an der Ostküste Schonens ist auch Simrishamn ein wahres Kleinod, das sein heimeliges Flair den malerischen Straßen, einladenden Häusern, bunten Blumengärten und einem unaufgeregten Hafenleben verdankt. Hier verspürt man schnell ein wohliges Gefühl von Leichtigkeit und Sommerfrische.

Sehr stolz ist man in Schonen auf Schwedens schönstes und größtes Beispiel einer so genannten „Schiffssetzung“ in Kåseberga. In Form eines Schiffsgrundrisses sind 58 große Steinmonolithen angeordnet, die das Grabmal eines Wikingers sein könnten, vielleicht aber auch als Seezeichen oder der Sonnenbeobachtung dienten. Sie bieten einen äußerst geheimnisvollen Anblick und erinnern an ähnlich rätselhafte Objekte im englischen Stonehenge und auf den Osterinseln.

An der Südküste ist mit Ystad bald ein weiteres Zentrum kultureller Denkmäler erreicht, auch wenn die Stadt vielen Krimilesern eher durch Henning Mankells Romane bekannt sein dürfte. Das Fremdenverkehrsamt organisiert sogar Führungen auf den Spuren von Kommissar Wallander, bei denen die Orte des verbrecherischen Geschehens aufgesucht werden, und man staunt, dass in einer so friedlichen, fast gemütlichen Gemeinde so viel Böses geschehen soll.

*Leuchtende Rapsfelder, sanfte Hügel, blühende Obstbäume, Strände mit feinstem Sand und beschauliche Städtchen – das alles und noch mehr macht die südlichste Provinz Schwedens aus.*

Die vielen Fachwerkhäuser, teilweise dreihundert Jahre alt, sind der besondere Stolz Ystads, sie werden zu Recht bestaunt und lassen die einstige Bedeutung der Hanse und des Handels in dieser Region ahnen. Eine Vorstellung vom mittelalterlichen Leben, das in Ystad so viele Zeugnisse hinterlassen hat, bekommt man auf sehr anschauliche Weise in der St. Maria Kyrkan, deren Ursprünge im 13. Jahrhundert liegen. Kurioserweise bläst von ihrem Turm noch heute wie in vergangenen Zeiten ein Wächter nachts sein Horn, um die Bevölkerung zu beruhigen, dass kein Feuer ausgebrochen ist. Auch sonst wird Tradition in dieser Stadt großgeschrieben, was unter anderem die Vielzahl interessanter Museen beweist. Wer nur ein paar Stunden Zeit hat, wird schon bei einem Bummel durch die historische Altstadt, zum Beispiel am Stortorget, feststellen, wie vorbildlich Ystad die Verbindung von Gegenwart und Vergangenheit gelungen ist.

Seltenheitswert haben auch die Valeberga Kyrka vor den Toren Ystads, die als Rundkirche mit ihrem spitzen Hut einzigartig in Schonen ist, sowie das schöne, traumhaft auf einer Insel gelegene Barockschloss Svaneholm.

*Die Farben der schwedischen Flagge entstammen dem Staatswappen, das auf blauem Grund einen gelben Löwen zeigt, während das Muster dem dänischen Dannebrog nachempfunden ist. Von März bis Oktober wird sie um acht Uhr gehisst, in den übrigen Monaten eine Stunde später. Geht die Sonne unter, wird sie wieder eingeholt.*

# Von Malmö bis Halmstad

*Für viele Urlauber ist Malmö das Tor zu Schweden, erst recht, seit am 1. Juli 2000 die spektakuläre Öresundbrücke eröffnet wurde.*

Die bequeme Verbindung zu Dänemark ist schon jetzt mit vielen Superlativen in die internationale Verkehrsgeschichte eingegangen. Als Schrägseilbrücke mit einer Gesamtlänge von 7845 Metern bietet sie Schiffen eine Durchfahrtshöhe von knapp 60 Metern und ist gleichermaßen offen für Straßen- und Eisenbahnverkehr.

Malmö ist die drittgrößte Stadt Schwedens und hat nicht nur für Schonen eine besondere Bedeutung. Als Industriestadt stellt sie eine wichtige Drehscheibe für Handel und Schifffahrt dar und nimmt seit jeher, eng mit Dänemark und damit dem europäischen Festland verbunden, erhebliche Besucherströme auf. Dass Malmö selbst lange Zeit dänisch war, wird in der Stadt an vielen Orten spürbar, besonders bei dem Wasserschloss Malmöhus, das im 16. Jahrhundert unter dem Dänenkönig Christian III. erbaut wurde.

Malmö ist international und – was die Innenstadt angeht – gleichzeitig seiner Vergangenheit bewundernswert treu. Die von Wasserkanälen umgebene Altstadt zeigt mit dem Renaissance-Rathaus, der historischen Apotheke „Apoteket Lejonet“ und dem kleinen Markt Lilla Torget aus dem Jahr 1591 ein vornehmes Gesicht, während einige Straßen weiter Restaurants mit internationaler Küche und Gästen aus der ganzen Welt beweisen, wie leicht sich Schwedens Süden heute

*Schloss Malmöhus ist eine vierflügelige Festungsanlage, die im 16. Jahrhundert erbaut und nach einem Brand 1870 erneuert wurde. Sie beherbergt mehrere Museen, unter anderem das Kunstmuseum mit einer der größten Sammlungen skandinavischer Kunst der Gegenwart sowie ein naturkundliches Museum mit Aquarium.*

von überall her erreichen lässt. Vor allem die Nähe zu Kopenhagen, einer anderen großen europäischen Metropole, sorgt für einen regen Austausch.

In eine ganz andere Welt führt der Ausflug zum berühmten Bosjökloster, das man von Malmö aus über die Universitätsstadt Lund im Landesinneren erreicht. 1080 als Benediktinerkloster gegründet, entwickelte sich das auf einer Halbinsel im Ringsjönsee gelegene Schloss zu einem herrschaftlichen Adelssitz, der übrigens bis heute in privater Hand ist. Die steilen roten Giebeldächer auf der Gruppe weißer Gebäude heben sich kontrastreich von der beruhigenden Parklandschaft ab, die im Stil eines englischen Gartens das Herrenhaus umgibt. Eine tausend Jahre alte Eiche zeugt von den Ursprüngen des Klosters, der herrliche Rosengarten lädt zum Verweilen ein. Die Lage am See scheint der Vegetation besondere Kraft zu geben, denn alles blüht üppig und an manchen Stellen geradezu tropisch.

Überhaupt befindet sich in unmittelbarer Nähe zu Bosjökloster eine geradezu traumhafte Urlaubsregion. Die Umgebung um Höör bietet alles, was die Natur Schonens an reizvollen Möglichkeiten bereithält, ob man nun gerne wandert oder lieber mit dem Kanu unterwegs ist. Wer sich intensiver mit der Fauna Skandinaviens beschäftigen möchte, kann in „Skånes Djurpark" Hunderte von Wild- und Haustieren aus der Nähe beobachten.

Schonen und seine Parks und Gärten – für Gartenliebhaber ist der Süden ein wahres Paradies. Viele der schönsten Anlagen befinden sich in Privatbesitz, sind aber dennoch oft zu bestimmten Zeiten der Öffentlichkeit zugänglich, große Parks und Naturschutzgebiete offerieren sogar häufig fachkundige Führungen.

Vor allem nördlich von Helsingborg und entlang der Westküste sind zahlreiche große Parks entstanden. Gerade hier, im Umkreis der attraktiven Badeorte, in der Welt der Künstler und Schriftsteller und der wohlhabenden Sommerurlauber, offenbart sich ein besonderer Sinn für die Schönheit prächtiger Gärten. Oft ist es auch nur ein altes Fischerhaus, dessen Rhododendronbüsche und Sommerblumen unsere Aufmerksamkeit erregen. An der sattgelben oder roten Hauswand wachsen hohe Malven, Obstbäume säumen einen Kieselweg zum Eingang. In Schonen kann man überall das finden, was wir mit dem Wort Idylle verbinden. So auch im „Alnarpsparken“ in Lomma, zwischen Malmö und Landskrona gelegen, dessen besondere Vegetation wissenschaftlich erklärt wird, oder in den Parks von Landskrona, Ängelholm und Båstad.

*Die Provinz Schonen ist weithin bekannt für gutes Essen. Hier versteht man es zu genießen. Zum Beispiel Aal, der auf glühendem Stroh zubereitet wird. Nicht fehlen sollte zu dieser gehaltreichen Spezialität ein Gläschen eiskalter Akvavit.*

Folgt man der Küste von Malmö aus weiter nach Norden, erreicht man über Helsingborg, die viertgrößte Stadt Schwedens, eine Region von außergewöhnlichem Charakter: die Kullen-Halbinsel. Sie lockt als begehrtes Ferienziel mit ihrem einmaligen Meeresklima und einer äußerst entspannenden Atmosphäre. Reetgedeckte Häuser und Katen prägen das Erscheinungsbild der ehemaligen kleinen Fischerdörfer, die man per Fahrrad wunderbar erkunden kann. In den Cafés und Fischrestaurants herrscht nach der Strandzeit reges Treiben. Segler haben mit ihren Booten angelegt, Familien kommen vom Angeln zurück und kehren heim in die Ferienhäuser. Im Hafen des Ortes Viken ahnt man noch ein bisschen, wie es wohl einst war, als die Heringsfischer vom Meer zurückkamen und ihren Fang ablieferten. Der Ort Mölle dagegen blickt auf eine große Tradition als feiner Badeort zurück, zahlreiche herrschaftliche Häuser zeugen noch heute davon.

In der größten Gemeinde der Halbinsel, Höganäs, trifft man dagegen überall auf die Tradition der Keramikherstellung. Auch sonst unterscheidet sich der Ort mit seiner Kleinindustrie von den verträumten Fischerdörfchen. Was jedoch alle Ferienorte gemeinsam haben, ist die Nähe zu erstklassigen Badestränden. Für Kulturinteressierte bietet sich ein Besuch des an der Spitze der Halbinsel gelegenen kleinen Schlosses Krapperup an, das oft Kunstausstellungen zeigt.

*Die Öresundbrücke ist eines der größten technischen Bauwerke Europas. Als am 14. August 1999 das letzte Teilstück in Position gebracht wurde, trafen sich Kronprinzessin Victoria von Schweden und Kronprinz Frederik von Dänemark auf der Brücke, um die Verbindung zwischen ihren Ländern zu feiern.*

Über Mölle gelangt man zum Höhepunkt jedes Kullen-Besuches, zum Naturreservat Kullaberg und seiner 187 Meter hohen Klippenlandschaft. Die Felswände weisen Höhlen und tiefe Schründe auf, und am Fuße öffnen sich zahlreiche Grotten, die man besichtigen kann. Allerdings sollte man bei nassem Wetter vorsichtig sein und das richtige Schuhwerk anhaben, da der Weg zu ihnen nicht ganz ungefährlich ist.

In gewisser Weise ist diese Halbinsel das schönste Beispiel für die Vielfalt der Westküste: mild und geschützt das Land im Inneren Schonens, meerumtobt und mit einer Luft, die nach Salz und Seetang riecht, die Klippen und kleinen Fjorde.

So zieht sich der Küstenstreifen hoch bis in die Laholmbucht, die einst dem König der Fische, dem Lachs, gehörte. Doch schon zuvor, im bekannten Seebad Båstad, bekommt man einen Eindruck von der großen Beliebtheit dieser Küstenorte, die nicht nur über zahlreiche schöne Strände, sondern auch über eine sehr umfassende Infrastruktur für Urlauber verfügen. Der malerische Ortsmittelpunkt, die Straßencafés und Fischrestaurants lassen Båstad als lebendige Sommeridylle erscheinen, zumal man

TRYGG-HANSA

*Schweden und insbesondere Schonen ist ein Paradies für Golfspieler aller Handicapklassen, gibt es doch nirgendwo sonst in Europa ein so dichtes Netz von Plätzen. Mittlerweile hat sich Golf hier fast zum Volkssport entwickelt, weshalb man die Atmosphäre als eher locker denn elitär beschreiben kann.*

hier sportlichen Aktivitäten unterschiedlicher Art bestens nachgehen kann. Für Segler und Surfer, aber vor allem für Tennisfreunde, die Schwedens berühmtes Tenniszentrum und das internationale Turnier schätzen, ist das Städtchen ein Eldorado.

Der Ausflug zum botanischen Garten „Norrvikens Trädgårdar" lässt die Herzen aller Pflanzenfreunde höher schlagen. Neben einem romantischen englischen Garten findet man hier eine prachtvolle Barockanlage, einen japanischen Garten und viele andere blütenreiche Areale mehr.

Auf der Weiterfahrt ist die Landschaft von Kiefernwäldern, Heide und Dünen geprägt. Auch in der Laholmbucht überkommt einen das exklusive Båstad-Lebensgefühl. Die gesamte Region ist mit Ferienhäusern aller Preisklassen ganz auf die Gäste eingestellt. Der Ort Laholm selbst, einst Zentrum des Lachsfangs, liegt nicht am Meer, aber die Mündung des Flusses Lagan hat die Stadt bis heute geprägt.

Auch heute noch ist die Tierwelt der Westküste, trotz Tourismus und Bauboom, ausgesprochen reich an Arten. Das zeigt sich auch hier im Mündungsgebiet, wo man viele seltene Vögel beobachten und auf langen Strandwanderungen die Natur neu entdecken kann.

Mit Laholm verlässt man nun Schonen, dem die Küstenprovinz Halland folgt. Ihre Verwaltungszentrale Halmstad hat auch für die umliegenden Seebäder erhebliche Bedeutung, unter anderem als Einkaufsstadt. Direkt vor Halmstad an der Küste lockt das Seebad

*Auch in Schonen gibt es zahlreiche Parks und Gärten, in denen man herrliche Stunden verbringen kann.*

Tylösand, dessen schier endloser weißer Sandstrand große Berühmtheit genießt.

Halmstad ist auch idealer Ausgangspunkt, um die Provinz in Richtung Norden zu erkunden. In den Regionen um Falkenberg und Varberg beispielsweise findet man im Hinterland viele reizvolle kleine Orte und interessante Ausflugsziele.

Dass die Einwohner von Halland die längste Lebenserwartung in Schweden haben, führt man hier natürlich auch auf die Kunst des Genießens zurück. In vielen Hofläden wird frisches Gemüse verkauft, und auch der hiesige Käse ist berühmt. Viele gute Köche Schwedens haben sich in dieser Gegend niedergelassen, wovon man sich in erstklassigen Restaurants überzeugen kann.

Golfsportler wird es erfreuen, dass es hier die größte Golfplatzdichte im ganzen Land gibt. Abwechslungsreiche Plätze bieten Greens jeder Art, an romantischen Seen, direkt am Meer oder inmitten herrlicher Wälder.

An der Nordgrenze Hallands endet dieser Abschnitt unserer Reise. Doch Schweden hat noch mehr zu bieten, wie die Provinzen Bohuslän und Västergotland mit der Stadt Göteborg beweisen.

# Von Göteborg bis Lysekil

*Die wunderbare Verfilmung der romantischen Inga-Lindström-Erzählung „Begegnung am Meer" hat den Charakter der Provinz Bohuslän mit überaus eindringlichen Bildern eingefangen: eine zerklüftete Schärenküste mit roten Häusern auf einsamen Klippen, hübsche, der Seefahrt verbundene Orte an kleinen Fjorden, eine faszinierende „nördliche" Welt der Leuchttürme und Häfen.*

Doch alles an dieser Küste steht zunächst im Bann der Großstadt Göteborg, einer einzigartigen Metropole, in der – wie es auch für Stockholm und Malmö gilt – Tradition und moderner Lebensrhythmus in Einklang miteinander stehen. Es mag wohl an der Geschichte dieser Stadt liegen, dass in vielen ihrer Viertel ein Flair von Weltoffenheit unverkennbar ist. Besonders zu den Briten hat Göteborg schon zur napoleonischen Zeit über glänzende Kontakte verfügt, was natürlich auch in dem buchstäblich freien Blick nach Westen begründet lag. Aus England, aber auch Deutschland und den Niederlanden kamen zahlreiche Einwanderer, die deutliche Spuren hinterlassen haben. Bis heute besteht zwischen der Stadt und Stockholm eine gewisse Konkurrenz, hatte doch Gustav II. Adolf 1624 ganz bewusst Göteborg als Pendant an der Westküste gegründet.

Die Passagiere der unzähligen Fähren und Kreuzfahrtschiffe, die täglich hier einlaufen, erblicken als Erstes den beeindruckenden Hafen,

einst der größte ganz Nordeuropas und heute der wichtigste des Landes. Kilometerlang erstreckt sich das Hafengelände mit seinen Anlagen, wo Ladungen aus aller Welt gelöscht und Tausende von Containern weiterbefördert werden. Vom futuristisch anmutenden rot-weißen Bürogebäude Utkiken, das nach Plänen des Architekten Ralph Erskine erbaut wurde, kann man von einer Aussichtsplattform in 86 Meter Höhe aus einen Eindruck von Hafen und Stadt gewinnen.

Bei einem ersten Spaziergang durch die Stadt bemerkt der Besucher schon bald, welch prachtvolle historische Gebäude die Straßen des Zentrums säumen. Göteborg wäre jedoch nicht vollständig erkundet, wenn man nicht auch für ein paar Stunden die unglaublichen Einkaufsmöglichkeiten der Stadt nutzen würde. Um sich mit dem größten Shoppingangebot Schwedens vertraut zu machen, sollte man das Einkaufszentrum „Nordstan“ in Bahnhofsnähe als Ausgangspunkt wählen. Sind die Konsumbedürfnisse erst einmal gestillt, kann man umso entspannter den Blick auf die Schönheit der Stadt richten.

Dass Göteborg unter dem Einfluss holländischer Baumeister einst von Grachten durchzogen war, die

*Göteborg wurde nach dem Vorbild holländischer Städte angelegt, wovon noch heute einige Kanäle zeugen. Auf ihnen kann man mit flachen Paddan-Booten Rundfahrten machen und so vom Wasser aus einen Eindruck von der vielseitigen, lebendigen Stadt gewinnen.*

als Verkehrswege dienten und das Erscheinungsbild der Festungsstadt entscheidend prägten, ist noch heute erkennbar. Allerdings stammen lediglich der Stora Hamnkanalen und der einstige Wallgraben im Süden der Altstadt aus dem 17. Jahrhundert. Der zentrale Teil der Stadt, der ursprünglich mit einem Wallgraben umgeben war, erstreckt sich südlich des Flusses Göta älv. Dort befindet sich auch ein auffälliger Palastbau, das „Ostindiska Huset“, in dem ab 1762 die Ostindische Handelsgesellschaft residierte. Von hier aus wurde der höchst expansive Asien-Handel Schwedens betrieben, der ebenso zum Wohlstand Göteborgs beitrug wie die Seefahrt. Im Inneren präsentiert sich das restaurierte Gebäude mit herrlichen Säulen und Wandmalereien. In den prachtvollen Hallen hat heute das Stadtmuseum seinen Platz gefunden.

Das „Kronhuset“ in der Postgatan gilt als Göteborgs ältestes weltliches Gebäude. Aus roten Ziegelsteinen Mitte des 17. Jahrhunderts erbaut, trägt es, wie so viele andere Häuser der Stadt, die Handschrift holländischer Architekten. Früher tagte hier der Reichstag, später wurde darin die Artillerie untergebracht, heute dient das Haus kulturellen Zwecken. Hier haben sich Kunsthandwerker niedergelassen, in deren Läden man bestimmt auf der Suche nach einem Souvenir oder Geschenk für Daheimgebliebene fündig wird.

Am alten Marktplatz Gustav Adolfs Torg, mit seinem berühmten Vasa-Denkmal auch eine unübersehbare Erinnerung an den Stadtgrün-

der, stehen gleich drei historisch bedeutsame Gebäude: das von Nicodemus Tessin dem Älteren errichtete Rathaus, das Stadshuset und die Börse, ein weißer klassizistischer Bau, dessen würdevolle Erscheinung keinen Zweifel lässt an der Bedeutung seiner Finanziers Mitte des 19. Jahrhunderts.

Die herrschaftlichen Fassaden der großen alten Häuser im Zentrum, das geschäftige Treiben entlang dem Göta älv und der allerorten gegenwärtige maritime Charakter ergeben eine angenehme Mixtur, die den Besucher der Stadt sogleich gefangennimmt. Museumsschiffe am Ufer und der nahe Jachthafen Lilla Bommen stillen sozusagen vor der Haustür die Neugier auf die Welt der Boote, die pausenlos auf dem Wasser vorbeiziehen, viele bereits auf dem Weg zum Göta-Kanal.

Als ein besonders malerisches Viertel gilt unbenommen Gamla Haga, auf der südlichen Seite des Vallgraven gelegen. Da ist es plötzlich wieder, das idyllische Straßenbild kleiner schwedischer Städte wie Sigtuna, mit bunten Holzhäusern, Kopfsteinpflaster, Restaurants, Cafés und vielerlei Läden. Manche Geschäfte locken die Kunden mit auf der Straße ausgestellter Ware, hier und dort bieten

*Dank des milden Klimas an der schwedischen Westküste gedeiht eine üppige Pflanzenwelt in Göteborgs Parks. Es sind grüne Oasen inmitten der Großstadt, in denen man beinahe wie von selbst zur Ruhe kommt.*

Handwerker und Künstler ihre Erzeugnisse an. Dabei war die Vergangenheit für das einstige Hafenarbeiterviertel alles andere als vielversprechend. Noch vor dreißig, vierzig Jahren drohte den Holzhäusern der Abbruch, weil niemand in dieser seinerzeit heruntergekommenen Gegend investieren wollte. Doch wie in Hamburg oder London auch entdeckte plötzlich eine neue, junge Generation den wahren Wert des historischen Viertels, und man begann zum großen Glück der heutigen Bewohner, Straßen und Häuser vollständig zu renovieren. Wer nun eine Erholungspause braucht, kann sich glücklich schätzen, in Göteborg zu sein, denn zum Ruhm der Stadt tragen auch ihre herrlichen Parks bei. Am beliebtesten ist „Slottsskogen“, dessen großzügige Grünanlagen alles zu bieten haben, was Spaziergänge und sportliche Aktivitäten zu einem Vergnügen werden lassen. Dank des milden Westküstenklimas gedeiht hier alles in bemerkenswerter Üppigkeit. Die Parkwiesen unter hohen Bäumen wechseln sich mit farbenprächtigen Beeten ab, auf den Wasserpflanzen im See lassen sich Libellen nieder. Auch ein kleiner Zoo gehört zum größten Park der Stadt, in dem Elche und andere einheimische Tiere leben.

Eine besondere Attraktion von „Slottsskogen“ ist die Blütezeit der Azaleen, die im Frühjahr viele Besucher anzieht und 1999 sogar mit sage und schreibe 90.000 Pflanzen einen Rekord erzielte. Auf dem Gelände befindet sich zudem das Naturhistorische Museum, das wegen seiner gigantischen

Sammlung von präparierten Tiere aus aller Welt einen internationalen Ruf hat.

Die Vielfältigkeit der Natur in „Slottsskogen" wird nur noch von Göteborgs botanischem Garten übertroffen, dem „Botaniska Trädgården", der 2003 zum schönsten Park Schwedens gekürt wurde. Auf 1,750 Millionen Quadratmetern erstreckt sich ein Gelände, das innerhalb Europas als einmalig bezeichnet werden kann. Während ein großer Teil des Gartens aus waldigem Naturschutzgebiet besteht, bietet die übrige Fläche zahlreiche botanischen Besonderheiten wie das Tal der Rhododendren, Magnolienberge, blühende Gehölze und Blumenrabatten von traumhafter Farbigkeit und einen Felsengarten, in dem Pflanzen der Gebirgswelt in nie gesehener Fülle zusammengetragen wurden. Auch das dazugehörige Tropenhaus lässt schnell vergessen, dass man sich im vermeintlich kühlen Norden befindet. Inmitten von Palmen und Bananenstauden fällt es nicht schwer, sich plötzlich in fernen Gefilden jenseits der großen Meere zu wähnen.

Göteborgs maritimes Flair, das lebendige Nachtleben und eine Vielzahl an Sehenswürdigkeiten, aber auch die freundliche und bekanntermaßen

humorvolle Art der Bewohner haben viel zum guten Ruf der Stadt beigetragen. Es war deshalb Inga Lindströms Wunsch, dass auch in dieser mitreißenden Stadt einige ihrer Erzählungen verfilmt werden. Als Motive für die Produktion dienten insbesondere Teile der Innenstadt und das Ufer des Göta älv, der Park „Slottsskogen", ein historischer Hafen und das Schifffahrtsmuseum.

Etwa zwanzig Kilometer südlich von Göteborg liegt das Hauptmotiv für den Film „Begegnung am Meer", eines der schönsten Herrenhäuser, die in dieser Reihe bisher gezeigt wurden. „Onsala Herrgård", ein fast viktorianisch anmutendes Herrenhaus aus hellgrau gestrichenem Holz, das sich unübersehbar am Kungsbackafjord erhebt, bot eine ideale Kulisse für die Geschichte um die wohlhabende Reedersfamilie Thorwaldsson. Von dem massiven Holzsteg, der weit ins Wasser hineinragt, hat man einen wunderbaren Blick auf die lange Veranda mit den Sprossenfenstern und dem hübschen Anbau. Überall auf dem weitläufigen Anwesen erfreuen blühende Büsche das Auge des Betrachters. Die alte Kutsche mitten auf dem sattgrünen Rasen erinnert an die Ursprünge des Hauses im Jahr 1901.

Überhaupt ist man sich auf der Halbinsel Onsala seiner Tradition bewusst, und dies durchaus zu Recht: Durch den Heringsfischfang erlebte die Region Mitte des 16. Jahrhunderts eine ihrer größten Blütezeiten. Der Seefrachthandel brachte der Bevölkerung einen gewissen Wohlstand. Von hier aus segelten die Schiffe bis nach Riga, Stettin, Amsterdam und London.

In den großzügigen, lichtdurchfluteten Räumen von „Onsala Herrgård" dominiert, wie in so vielen alten schwedischen Villen, der leicht wirkende, weiß-graue, oft auch bis in die Blauschattierung gehende Farbton, sowohl beim Mobiliar als auch bei der Wandgestaltung. Das Interieur harmoniert auf diese Weise vortrefflich mit dem äußeren Erscheinungsbild des Herrenhauses – und ist damit ein „Lindström-Haus" par excellence.

Den Wohnsitz der alteingesessenen Unternehmer beschreibt Inga Lindström in ihrer gleichnamigen Erzählung mit folgenden Worten: „Das Anwesen der Thorwaldssons stammte aus den ersten Jahren des 20. Jahrhunderts und lag direkt am Meer, an einer Stelle, wo zahlreiche Schären der Küste vorgelagert waren, welche die Wucht des Windes

abschwächten und zumindest den Sommer über in dieser Bucht für ein milderes Klima sorgten. Das Haus war in der üblichen schwedischen Holzbauweise errichtet worden und zeugte mit diversen, für jene Zeit typischen Extravaganzen davon, dass der damalige Besitzer – Lennarts Vater – an nichts hatte sparen müssen. Es war eine verschachtelte, perlgrau gestrichene Villa mit mehreren Veranden, Erkern und hohen Fenstern, die zur Meeresseite hin einen atemberaubenden Ausblick über die Bucht boten und landeinwärts auf einen weitläufigen Park wiesen, der jenseits der sorgfältig geharkten Kieswege und der gepflegten Rasenflächen in Wald überging."

Im Norden von Göteborg wurden ebenfalls Filmaufnahmen gemacht, dort allerdings in einer wesentlich dramatischeren Umgebung. Noch heute schwärmt Regisseurin Karola Meeder von der großartigen Fjordlandschaft der Insel Orust, deren Schären und Häfen sich von vielen Regionen unterscheiden, die bisher in diesem Buch bereist wurden. Orust könnte man auch als das Salz auf den Lippen der Provinz Bohuslän bezeichnen. Das raue Eiland mit seinen kahlen Schärenfelsen weckt sofort die Erinnerung an jene große Zeit, als reicher Heringsfang

*Fährt man von Göteborg aus weiter nördlich, gelangt man in eine großartige Fjordlandschaft mit vielen malerischen Fischerdörfern. Über die Westküste schrieb Kurt Tucholsky 1934: „Ob das nun Einbildung ist oder reale Kräfte – die Landschaft im Norden ist eben meine … hier wirst du ein kleines bisschen begreifen, warum ich immer mit dem Norden so viel angebe."*

das Inselleben bestimmte. Erwähnt werden sollte allerdings auch, dass durch den Holzbedarf der fischverarbeitenden Betriebe und Tranfabriken die Landschaften von Bohuslän ihre wertvollen Baumbestände verloren. Geblieben ist dennoch ein besonderer Zauber, der auch von den farbigen Häusern an der Küste ausgeht, die dicht gedrängt hinter den Bootshütten stehen. Nach wie vor fahren die Fischer mit ihren Fangbooten hinaus aufs Meer, auch wenn die Netze oft leer bleiben. Wer hier nicht in der Fischindustrie oder in den Häfen beschäftigt ist, findet sein Einkommen als Bootsbauer. Auf Orust wird ein Großteil der schwedischen Boote gebaut, worauf man mit Recht stolz ist.

Der Film „Begegnung am Meer" zeigt die Schären und Fjorde der Insel von ihrer schönsten Seite – und dort, wo sie am typischsten sind. So war auch ein wichtiger Schauplatz des Geschehens die bunte Welt von Hällevikstrand, wo die fröhlichen roten Bootshäuser in den Besatzungsmitgliedern der vorbeiziehenden Schiffe Hoffnung auf ein baldiges Wiedersehen wecken.

Der einsame weiße Leuchtturm auf den grauen Klippen von Mollösund und die Netzfabrik gehören

ebenso zum Reigen der Impressionen wie kunstvolle Holzschnitzereien an manchen Gebäuden und ein fünfzig Jahre altes Boot im Hafen, in dem zwei Männer über die Reling eine Ladung Krabben auf den Steg werfen.

Auf der Nachbarinsel Skaftö geht es ähnlich zu, nur dass man hier auf die Ernte von Erdbeeren und Gemüse, wie überhaupt auf die Fruchtbarkeit der Insel, genauso stolz ist wie auf die schönen verzierten Kapitänshäuser, die hübschen Gärten und den Fischfang. Fiskebäckskil am Gullmarnfjord präsentiert sich deshalb etwas lieblicher als die Orte auf Orust, abgesehen davon, dass hier das Leben auch mehr vom Tourismus beeinflusst ist. Dies gilt ebenso für das Dörfchen Grundsund mit seinen viel gerühmten Fischerhütten und der bemerkenswerten alten Holzkirche, in dem jeder Reisende willkommen ist und die ersehnte Ruhe findet.

Die Inseln sind im Übrigen ein Paradies für all jene, die Fischgerichte mögen. Ob frisch oder geräuchert, die Qualität ist überall ausgezeichnet und sollte am besten in Hafennähe getestet werden. Hummerliebhaber finden zwar die besten Lobster weiter nördlich auf den Koster-Inseln, aber auch im Südwesten

lässt sich in den Fischrestaurants trefflich schwelgen. Auf der gegenüberliegenden Seite des Gullmarnfjords, der sich bis tief ins Land hinein erstreckt, liegt die Stadt Lysekil, ein sehr viel größerer, aber dennoch liebenswürdiger Badeort mit langer Tradition, der eine Menge zu bieten hat: eine Altstadt voller romantischer, anheimelnder Häuser, Restaurants mit verlockender Speisekarte, kleine Geschäfte und ein Aquarium, in dem auf höchst unterhaltsame Weise die Unterwasserwelt Bohusläns vorgestellt wird.

Hier am Gullmarnfjord wird jeder, der durch Schweden reist, mit Erlebnissen beschenkt, die als Erinnerung unauslöschlich sind. Es gibt gewiss keinen schöneren Moment, als in einer stillen Stunde vor Sonnenuntergang an dieser atemberaubenden Küste über das Land der Schären zu blicken und, sei es auch nur ganz kurz, zu ahnen, was Unendlichkeit bedeutet.

*„Da manche der Gäste sich an die überlieferte Sitte – ein Krebs, ein Schnaps, ein Lied – hielten, war die Stimmung bei Tisch entsprechend ausgelassen.“ (Inga Lindström, „Sehnsucht nach Marielund“)*

# Das Krebsfest – Ein kulinarisches Sommervergnügen

Ab Mitte August beginnt in Schweden die Zeit des Flusskrebsfangs, die mit einem fröhlichen Fest, der „Kräftskiva“, genüsslich zelebriert wird. Das Datum ist nicht willkürlich gewählt, sondern hat seinen Grund in der Historie. Einst wurden Krebse das ganze Jahr über aus dem Wasser geholt, doch als im 19. Jahrhundert die Bestände auf ein Besorgnis erregendes Maß schrumpften, erließ man klugerweise Beschränkungen, die den Fang nur für eine bestimmte Dauer gestatteten.

Nachdem die Krustentiere über lange Zeit vorwiegend von der schwedischen Oberschicht als Delikatesse verzehrt wurden, gelangten sie im Verlauf des 19. Jahrhunderts endlich auch auf die Teller des gemeinen Volkes. Inzwischen gehört das Krebsessen als Ereignis zum Ausklang des Sommers zu den beliebtesten Traditionen Schwedens. Auch wenn die Krebse inzwischen vorwiegend importiert werden – aber darüber sieht man gelassen hinweg.

So sitzen denn die Feiernden an langen Tischen, gedeckt mit bunten Papptellern und großen Papierservietten, im Freien mit der Familie und mit Freunden zusammen. Für festliche Stimmung sorgen Lampions in Form eines Vollmonds, die überall im Garten hängen. Jeder Gast sollte sich ein Lätzchen umbinden und einen spitzen Papierhut aufsetzen. Dann kann es losgehen.

Die Krebse sind gekocht, der mit Salz und vielen Dillblüten gewürzte Sud hat ihnen das nötige Aroma gegeben. So kommen sie auf den Tisch und werden erwartungsvoll bewundert, während über den Schären ganz allmählich die Sonne untergeht.

Trinksprüche und -lieder werden vorgetragen. Überhaupt ist die Stimmung bei einer „Kräftskiva“ sehr fröhlich und ausgelassen. Das mag an dem eisgekühlten Schnaps liegen, der ebenso dazugehört wie Knäckebrot, Butter und Västerbottenkäse. Die inzwischen erkalteten Krebse knackt man mit der Hand und saugt den Inhalt genüsslich, mitunter auch gerne lautstark aus.

Das Krebsessen ist neben dem Mittsommerfest eines der liebenswertesten Feste der Schweden, voller Herzlichkeit und Lust am Feiern.

# Der Göta-Kanal – Das Blaue Band

# Der Göta-Kanal

*Der Traum Schwedens, Ostküste und Westküste durch eine Wasserstraße miteinander zu verbinden, ging am 26. September 1832 in Erfüllung – der Göta-Kanal, ehrfurchtsvoll „Das Blaue Band“ genannt, wurde nach 22 Jahren härtester Arbeit eingeweiht.*

Dass sein Erbauer, der visionäre Seeoffizier Baltzar von Platen, die Fertigstellung des gigantischen Meisterwerks nicht mehr selbst erlebte, war ebenso tragisch wie die Tatsache, dass schon dreißig Jahre später die erste Eisenbahn zwischen Stockholm und Göteborg rollte und der Schiffsverkehr damit an Bedeutung verlor.

60.000 Soldaten und Seeleute hatten den Kanal ausgehoben, von dem schon im 17. Jahrhundert Gustav Vasa geträumt hatte, wenn auch damals mehr aus militärischen Gründen. Um die Gesamtlänge von 190 Kilometern zu schaffen, davon 81 Kilometer reiner Kanalbau, musste Baltzar von Platen spezielle Werkzeuge anfertigen, 58 Schleusen bauen lassen und auch sonst vielerlei technische Leistungen erbringen, die selbst heutigen Ingenieuren Respekt abverlangen. Als schließlich 1834 das erste Passagierschiff die Reise durch den neuen Kanal antrat, war der Jubel im Land groß. Eine unvorstellbare Leistung war vollbracht worden, die schon bald als Signal für Schwedens Aufbruch in die neue Zeit galt.

Die Anfänge waren ermutigend, auch die Berufsschifffahrt nahm den Kanal schnell in Gebrauch. Von Göteborg bis Stockholm konnten nun wichtige Güter auf dem Wasserwege transportiert werden. Doch

*In vier oder auch sechs Tagen mit einem der Dampfschiffe „Juno", „Wilhelm Tham" oder „Diana" auf dem Göta-Kanal von Göteborg bis Stockholm fahren – eine stilvolle und unvergessliche Reise.*

*Sage und schreibe 58 Schleusen müssen bewältigt werden, wenn man den Göta-Kanal in seiner Gesamtlänge von 190 Kilometern befährt. Wer mit dem eigenen Boot unterwegs ist, kann auf die Hilfe der Schleusenwärter vertrauen.*

so wenig, wie Baltzar von Platen damit rechnen konnte, dass die Eisenbahn Jahrzehnte später eine viel günstigere Transportalternative sein würde, so wenig war abzusehen, dass bereits gegen Ende des Jahrhunderts noch gewaltigere Schiffe gebaut wurden, deren Größe die Kapazität des Göta-Kanals und der einzelnen Schleusen überstieg. So verlor das Bauwerk zunehmend an Bedeutung, versandete von Jahrzehnt zu Jahrzehnt mehr und geriet für die Schifffahrt weitgehend in Vergessenheit. Erst als der schwedische Reichstag 1977 den Startschuss für ein Reaktivierungsprogramm gab, begann eine neue Ära für den Kanal.

Heute ist das historische Bauwerk der ganze Stolz des Landes. Wassersportfreunde und Nostalgiker aus der ganzen Welt genießen es gleichermaßen, auf dem Göta-Kanal quer durchs Land zu reisen und dabei die schönsten landschaftlichen Entdeckungen machen zu können. Ganz gleich, ob man die Fahrt auf dem eigenen Schiff oder auf einem der Nostalgiedampfer mit komfortablen Gästekabinen macht – es ist eine Reise, die man gewiss nie vergessen wird.

Charterboote für die ganze Familie und größere Passagierschiffe gehören seit vielen Jahren zu den beliebtesten Reisemöglichkeiten auf den europäischen Flüssen. Auch Schweden wird dafür zunehmend interessanter, und so ist es kein Wunder, dass einige Reedereien den Göta-Kanal in ihr Programm aufgenommen haben.

Tatsächlich ist es ein erhabener Moment, an Deck eines Schiffes zu stehen und mitzuerleben, wie der Kapitän in Göteborg den Befehl zum Ablegen gibt und auf dem Göta älv die Fahrt flussaufwärts beginnt. Nachdem man den großen Hafen hinter sich gelassen hat und die erste Schleuse naht, wird die Herausforderung an die Mannschaft schnell klar. Wo 58 Schleusen passiert werden sollen, muss jeder Handgriff sitzen. In die Schleuse einfahren, festmachen, aufwärts gehoben werden – und weiter geht es, oft dicht an dicht mit anderen großen und kleinen Booten. Insgesamt 92 Meter Höhendifferenz müssen per Schleusen bewältigt werden, wobei sich der Ort Karlsborg an der höchsten Stelle befindet und Mem an der Ostsee auf Meereshöhe liegt.

Nachdem der Trollhättankanal passiert wurde, öffnet sich bei Vänersborg der Fluss zu einer großen Bucht. Der Vänernsee, der größte See Schwedens, ist erreicht. Vänersborgs Berühmtheit liegt ein paar Kilometer außerhalb der Stadt. Es ist ein Naturschutzgebiet, dessen große Elchpopulation weit über die Grenzen hinaus bekannt ist und in dem auch königliche Treibjagden stattfinden. Ein

*Bei der Fahrt über den Göta-Kanal durchquert man auch die Seen Vänern, Viken, Vättern, Boren und Roxen. Der bis zu 92 Meter tiefe Vänernsee ist der größte See Schwedens. Nach den zum Teil recht schmalen Kanal-Passagen glaubt man sich hier plötzlich auf dem offenen Meer.*

Elchmuseum erklärt den Besuchern alles Wissenswerte über Jagd und Hege der Tiere.

Der Vänernsee ist zehnmal größer als der Bodensee und ein durchaus schwieriges Gewässer, wenn der Wind ungnädig steht. Ihn zu überqueren ermöglicht allerdings auch, vom Schiff aus die eigene Schärenwelt des riesigen Sees mit 22.000 Inseln und Klippen entdecken zu können und das Gefühl zu haben, auf einem Meer zu fahren. Das fischreiche Gewässer ist bei Anglern sehr beliebt, und entlang seinen Ufern kann man hervorragend wandern.

An der Spitze der Halbinsel Kållandsö thront leuchtend weiß das Schloss Läckö, das die Schiffe bei der Überquerung zum nächsten Abschnitt des Göta-Kanals passieren müssen. Der Barockbau gehört zu den Prachtschlössern der Gegend und ist mit 248 renovierten Räumen einen Besuch wert.

Vorbei am 306 Meter hohen Kinnekulle, den Carl von Linné mit seinen Laubwäldern, Blumenwiesen und Weiden den „blühenden Berg" genannt hat, führt die Schiffsreise nun durch die Schären von Djurö zum Nordostufer des gewaltigen Sees, wo bei Sjötorp die eigentliche Einfahrt in den Göta-Kanal beginnt.

Doch vorher lohnt noch Mariestad einen Besuch. 1583 von Gustav Vasas Sohn Karl IX. gegründet und nach seiner Gattin Maria von der Pfalz benannt, beeindruckt das Städtchen mit seiner opulenten Barockkathedrale und einem sehr pittoresken Viertel mit alten Häusern.

In der Stadtmitte mündet der Fluss Tidån, wie überhaupt Wasser in dieser Stadt eine große Rolle spielt. Ihre zentrale Lage am Vänernsee zieht vor allem Wassersportler und Angler an, und auch sonst hat die Kommune viel zu bieten. Im Umkreis finden sich zahlreiche Herrenhäuser und mittelalterliche Bauten, die eine Stippvisite lohnen.

Südlich von Mariestad, in der Nähe von Skövde, finden Naturfreunde in Europa einmalige Vogelseen, an denen sich im Frühjahr Tausende von Kranichen versammeln und ihre Paarungstänze aufführen. Aber auch über zweihundert andere Vogelarten geben sich dort ein Stelldichein und können von Aussichtsplattformen in aller Ruhe beobachtet werden. Der Vänernsee selbst bietet ebenso reichlich Gelegenheit, seltene Vögel zu entdecken. Mit viel Glück erspäht man auf einem Baum am Ufer sogar einen Seeadler.

Wieder zurück auf dem Schiff, wird die Weiterfahrt nun immer spannender. Bei Sjötorp müssen acht Schleusen bewältigt werden, und viele weitere folgen noch, einschließlich der engsten Stelle des Bauwerks, des so genannten Bergkanals, der die volle Konzentration der Kapitäne erfordert. Sieben

*Die „Juno" wurde 1874 in Motala gebaut. Während der Kanaldampfer in gemächlichem Tempo über den Göta-Kanal tuckert, sitzt man an Deck in einem Korbstuhl und lässt sich einen Tee servieren. Die Mahlzeiten werden in einem Speisesaal eingenommen, dessen Mahagoni-Messing-Ambiente nostalgische Gefühle weckt.*

Schleusen überwinden dort einen Höhenunterschied von insgesamt 18 Metern. Dann wartet die Schleuse von Tåtorp, und mit der Überquerung des kleinen Vikensees nähert man sich endlich der Abwärtsfahrt.

Während der Sommermonate ist der Göta-Kanal voller Leben. Motorboote und Segelschiffe schieben sich aneinander vorbei, Anlegestellen werden angesteuert, und während des Schleusens schauen Neugierige zu, wie die Skipper und ihre Mannschaften alle Hände voll zu tun haben. Dann heißt es, wieder an Bord gehen und den nächsten Abschnitt des Kanals genießen. Langsam ziehen Birken- und Kiefernwälder am Ufer vorbei, und blumengeschmückte Fenster lassen die roten Häuser am Wiesenrand noch romantischer erscheinen.

Bei Karlsborg ist der Vätternsee, Schwedens zweitgrößtes Binnengewässer, erreicht. Dieser See ist tief, sehr kalt und daher besonders fischreich. Bei der Überquerung kommt es einem ähnlich wie auf dem Vänernsee so vor, als sei man auf dem Meer.

Bereits der trutzige Name Karlsborg lässt ahnen, dass sich hier eine Festung befindet. König Karl XIV. Johan ließ am Ufer des Sees ab 1819 eine gewaltige Anlage errichten, die im Falle eines Krieges seine Fluchtburg sein und auch der Regierung Unterschlupf gewähren sollte. Doch die Bauarbeiten erstreckten sich über so viele Jahrzehnte, dass sie ihrem eigentlichen Zweck nie diente. Die Besichtigung der Festung

*Der Vätternsee wird von Quellen gespeist, die unter der Wasseroberfläche liegen. Deshalb verbinden sich mit ihm viele geheimnisvolle Geschichten – auch wenn er an vielen Stellen außergewöhnlich klar ist.*

*In Vadstena kann man eines der typischen Vasa-Schlösser besichtigen, einen trutzigen Bau mit gedrungenen Ecktürmen, in dem seit 1654 Opern aufgeführt werden. Seinen Ursprung verdankt der Ort der heiligen Birgitta, der in einem Offenbarungserlebnis der Auftrag gegeben wurde, hier ein Kloster zu gründen.*

und ihrer gigantischen Stadtmauer ist gleichwohl sehr beeindruckend.

Flussfahrten bieten dem Reisenden mit jedem Zwischenstopp die Möglichkeit, neue Landschaften und kulturelle Sehenswürdigkeiten kennenzulernen. Man schlendert durch fremde Straßen oder entdeckt Parks und Gärten, die man womöglich zunächst gar nicht an einem Ort vermutet hat. Und dann kehrt man irgendwann an Bord zurück, gesättigt von vielen neuen Eindrücken und doch schon wieder neugierig auf die Weiterfahrt.

So wäre eine Reise auf dem Göta-Kanal ohne kurzen Halt in Vadstena nicht vollständig. Man legt in der Nähe des schönen Renaissance-Wasserschlosses an, das Gustav Vasa 1545 zunächst als Verteidigungsanlage erbauen ließ, und besichtigt Gebäude und Schlosskapelle. Wer rechtzeitig Karten bestellt, kann im „Gamla Teater" auch einer Opernaufführung beiwohnen.

Südlich der Gemeinde, entlang dem Ufer, liegt eine ökologisch besonders wertvolle Landschaft, die man sich nicht entgehen lassen sollte, wenn es die Zeit erlaubt. Das Landschaftsschutzgebiet Ombergs, das seine faszinierende Vegetation dem besonderen Klima des Vätternsees verdankt, lädt zu einer abwechslungsreichen Wanderung ein. Auf einem geradezu spannenden Weg passiert man Urwälder und Orchideenmoore, wie man sie so wahrscheinlich noch nie gesehen hat.

Bei Motala geht es dann wieder mit dem Schiff in die Schleuse. Ein Teil der Stadt ist nach Plänen von Baltzar von Platen erbaut worden. Das Kanalmuseum am Hafen dokumentiert sehr anschaulich die aufregenden Entstehungsjahre des Göta-Kanals.

Die Schleusungen in den Borensee und weiter nach Berg sind der nächste aufregende Teil der Schiffsreise. Erneut müssen über zahlreiche Schleusenkammern viele Meter abwärts bewältigt werden. Bei Ljungsbro, kurz vor Berg und dem Roxensee mit seiner artenreichen Vogelwelt, erleben die Passagiere eine Fahrt über das einzige Aquädukt auf dieser Strecke. Die Schiffe fahren über eine Straße hinweg Richtung Söderköping.

Söderköping ist eine alte Handelsstadt, deren Straßen noch heute zum gemütlichen Bummeln einladen. Auch hier findet man wieder die idyllischen Holzhäuser und die gepflasterten Straßen, die das südliche Schweden so liebenswert machen und dem mittelalterlichen Stadtbild einen charmanten Charakter verleihen. Besonders sehenswert ist hier das historische Rathaus.

Nach der Schleuse Mem ist schließlich der Endpunkt des Göta-Kanals erreicht – der Slätbacken,

ein Arm der Ostsee, der für die Schiffe die Verbindung zu den Schären herstellt.

Mit einem Ausflug nach Nyköping befinden wir uns nun wieder ganz im Herzen des „Inga-Lindström-Lands“, denn hier wurden gleich für mehrere Filme viele große Szenen gedreht. Besonders die Romanze „Im Sommerhaus“ gibt viele Eindrücke von Nyköping und seiner Umgebung wieder. Das weiße Film-Holzhaus am Wasser charakterisiert auf typische Weise das Lebensgefühl und das entspannte Flair des schwedischen Sommers. Die Segelboote aus dem Göta-Kanal ziehen in der Nähe des Hauses am Ufer vorbei, und wendige Taxiboote bringen die Touristen von einem kleinen Hafen zu den Schäreninseln. Auch viele Schauspieler haben hier während der Dreharbeiten ihr Herz an die Küste verloren und sind im nächsten Jahr zum Urlaub wiedergekehrt.

Nyköping selbst ist eine geschäftige Industriestadt, die zu den ältesten Gemeinden Schwedens gehört, auch wenn man das heute kaum noch bemerkt. Lediglich die Schlossruine gibt noch eine Ahnung davon, wie das Leben hier im frühen Mittelalter ausgesehen haben mag. Passend dazu findet

*Nach der Fahrt durch den Göta-Kanal – oder auch von Stockholm oder aus dem Süden kommend – lockt die reizvolle Ostküste mit herrlichen Landschaften und bezaubernden Städtchen wie Trosa, Schauplatz des Films „Der Weg zu dir".*

jedes Jahr im Juli ein Mittelalterfestival statt, das mit vielen Attraktionen an die Zeit erinnert, als 1317 das berühmte „Gastmahl von Nyköping" stattfand. Thronfolger Birger lud in jenem Jahr seine beiden zerstrittenen Brüder Erik und Valdemar zu einem Festessen ein, um sie dann in den Kerker zu werfen und dort sterben zu lassen.

Neben dem Schlossbezirk ist heute besonders die Uferpromenade am Ostkai mit ihren Lokalen und Geschäften interessant. Aber auch in vielen anderen Straßen der Stadt findet man zum Thema „Gastmahl" so manche einladende Adresse.

Nun ist es nicht mehr weit bis zum nördlich gelegenen Trosa, einer der schönsten Perlen an der Küste vor Stockholm, deren idyllische Atmosphäre selbst erfahrene Schwedenreisende zum Schwärmen bringt. Trosa ist so etwas wie ein Stammplatz für die Dreharbeiten der Lindström-Reihe geworden, mit seinem unverwechselbaren Charakter der Straßen, durch und durch vom Wasser geprägt, nur ein paar Möwen-Flügelschläge von der Ostsee entfernt.

Es ist kein Zufall, dass vor allem für die Lindström-Erzählung „Der Weg zu dir" Trosa als Kulisse diente. Es ist die Geschichte einer jungen Pfarrerin, die eine kleine Gemeinde übernimmt, zu der zahlreiche Schäreninseln gehören. Die oft von nicht mehr als zwei oder drei Familien dauerhaft bewohnten Eilande sind nur mit dem Boot zu erreichen. Dass sich unter den Bewohnern ein berühmter Restaurator

*Der Sommer ist die Zeit des Lichts. Das Leben findet unter freiem Himmel statt. In den Wäldern werden Blaubeeren gesammelt, das Boot bekommt einen neuen Anstrich, der Kaffeetisch wird im Garten gedeckt.*

befindet, der Frau und Kind verloren hat und sich deshalb wie ein kranker Vogel in der Einsamkeit der Schären verkriecht, bleibt ein Geheimnis, dessen Schleier erst die junge Pfarrerin nach und nach lüften kann. Dass sich schließlich die beiden in der Abgeschiedenheit und Wildheit der kleinen Schäreninsel anzunähern beginnen, aber erst durch die positive Kraft Trosas zueinander finden, macht den besonderen Zauber des Films aus, der Millionen Zuschauer berührt hat.

Die Lage Trosas ermöglichte eine Idealform des filmischen Erzählens, dicht am literarischen Vorbild, authentisch in der Darstellung des wirklichen Lebens einer überschaubaren schwedischen Gemeinde.

Schon der erste Spaziergang durch Trosa offenbart das Besondere an diesem Ort. Entlang den Straßen verlaufen kleine Kanäle, in denen Fischerkähne und robuste Motorboote festgemacht sind. Ein Hauch von Holland käme auf, wenn nicht die roten und weißen Holzhäuser rechts und links der Kanäle so typisch schwedisch wären.

Carl von Linné hat Trosa einst „das Ende der Welt genannt", was vielleicht von Uppsala aus betrachtet zu jener Zeit gerechtfertigt war. Doch heute straft das idyllische Städtchen diese Behauptung Lügen. Im Sommer ist es Ziel vieler Tausend Besucher, die mit dem Auto oder mit dem Boot kommen und sich an der liebenswerten Atmosphäre des

*Mitten durch Trosa verläuft das Flüsschen Trosaån, dessen schmale Uferpromenaden zum gemütlichen Flanieren einladen. Fast jedes Haus, das hier steht, hat auch ein Motor- oder Ruderboot vor der Haustür liegen.*

*Ein Tipp für Inga-Lindström-Fans: Das liebevoll eingerichtete „Bomans Hotell“ in Trosa war schon mehrmals Schauplatz der romantischen Filme und heißt seine Gäste herzlich willkommen.*

Fischerortes erfreuen. Vor allem der zentrale Platz mit Markt und altem Rathaus am kleinen Fluss Trosaån bietet mit seiner gemütlichen Quadratur den idealen Start zum Bummeln.

Trosa hat nicht nur viele hübsche Geschäfte zu bieten, sondern auch – vor allem an den Piers – Restaurants, Cafés und zahlreiche umgebaute Lagerhäuser, in denen Schiffsleute Zubehör jeder Art kaufen können. Angesichts des Hafens und der vielen Anlegestellen wird schnell deutlich, welche Bedeutung das Wasser für die Stadt hat: Auch außerhalb der Hauptsaison lebt man hier mit allen Vorteilen der Wasseranbindung, Boote verkürzen vielen Bewohnern den Weg Richtung Stockholm und erhalten zudem den Transport zu den Schären aufrecht. Da Trosa zum Großraum der Hauptstadt zählt, gewinnt es als hübscher „Vorort“ zunehmend an Bedeutung.

Die historischen Gebäude, die wir heute sehen, sind wesentlich jünger als das eigentliche Trosa, das 1719 wie so viele andere Städte in der Region von den Russen niedergebrannt wurde. Im Stadtmuseum kann man viele interessante Dokumente über den Wiederaufbau und die Entwicklung des Ortes einsehen.

Lohnenswert ist auch ein Ausflug zu den zahlreichen Naturreservaten, die sich in der Umgebung von Nynäs an der Landstraße 219 zwischen Trosa und Nyköping befinden.

*Trosa zählt nur 4000 Einwohner, die das ganze Jahr über hier leben. Im Sommer dagegen, wenn zahlreiche Feriengäste kommen und die Stockholmer der Großstadt entfliehen, geht es hier turbulenter zu. In Cafés und Kneipen herrscht reger Betrieb, der Hafen ist voller Segelboote und Motorjachten.*

Bei Schloss Nynäs, das vor allem wegen seiner herrlichen Stuckarbeiten aus dem 17. Jahrhundert bekannt ist, liegt das gleichnamige Naturreservat Nynäs. Schon in unmittelbarer Umgebung des Schlosses beginnt ein großartiges Landschaftsschutzgebiet, das man durchwandern kann und das sich bis zur Ostseebucht Tvären erstreckt.

Etwas weiter südlich folgt das Naturreservat Stendörren, ein Höhepunkt für alle, die das Schärengebiet intensiver erkunden möchten. Vom letzten Parkplatz wandert man ein Stück bis zum auf der Landnase Aspnäset gelegenen „Naturum", wo man in einer interaktiven Ausstellung alles Wissenswerte über Tier- und Pflanzenwelt, Geologie und Entwicklung des Reservats erfährt. Über kleine Brücken lassen sich bei einer anschließenden Wanderung die Schären mit ihren glatten Felsen und ineinander verschlungenen Buchten erkunden und in ihrer oft atemberaubenden Wirkung erspüren. Besonders Kajaksportler finden hier ein traumhaftes Revier. Ob man von Nyköping aus zu einer großen Schärenexpedition (über sechzig Kilometer in drei bis vier Tagen) aufbricht oder von Studsvik aus zu einer kleineren Tour – das Stendörren-Gebiet lässt keine Wünsche offen.

Mit der Rückkehr ins Schärengebiet hat nun die Reise in diesem Buch ihr Ende gefunden. Welche Route man wählt, welche Regionen und „Sehnsuchtsorte" man ansteuert, bleibt natürlich jedem selbst überlassen, ist doch gerade Schweden das Land für Individualisten und

*Jeder Reisende wird sich im Land der Inga Lindström zu Hause fühlen – und er wird für immer ein Stück dieses Landes in seinem Herzen tragen.*

Reisende, die ohne Rundum-Service unterwegs sein wollen.

Doch völlig unabhängig davon, an welchen Orten man gewesen ist: Jeder Reisende wird für immer ein Stück dieses Landes in seinem Herzen tragen. Bilder und Eindrücke werden bleiben – von den verwinkelten Altstadtgassen in Stockholm, einer malerischen Häuserzeile in einem kleinen Städtchen, dem schilfbewachsenen Ufer eines klaren Sees, von einem stattlichen Herrenhaus mit hölzerner Veranda, den sanft schaukelnden Booten im Hafen, jenem Park mit dem blassgrünen Teehaus und einem weit ins Wasser ragenden Steg, dem weißen Leuchtturm an der felsigen Küste, von dem Sonnenuntergang am endlosen Sandstrand.

Es ist also wahr – im Land der Inga Lindström ist jeder willkommen und wird sich jeder zu Hause fühlen. Mit der Leichtigkeit der Mittsommerfeste will uns die Autorin mit ihren Geschichten eintauchen lassen in die Fülle des Nordens, damit wir den besonderen Zauber Schwedens spüren.

Ganz zum Schluss sei die schwedische Schriftstellerin und Nobelpreisträgerin Selma Lagerlöf zitiert, die zweifellos die schönsten Worte für ihre Heimat gefunden hat, in einer Liebeserklärung voller Poesie und Selbstbewusstsein: „... ein Land, in dem sich Lichtes und Lächelndes, Dunkles und Ernstes einfach wundervoll vermischen.“

# Register

## T



## U



## V



## W



## Y

## Danksagung

Ein besonderer Dank geht an den Produzenten der Inga-Lindström-Reihe, Ronald Mühlfellner (Bavaria Film), und an den Filmarchitekten Dieter Bächle sowie an die Regisseure der Reihe, die alle dazu beigetragen haben, die besondere Qualität und den Charme der Filme zu erarbeiten.

*Claus Beling*

Ebenfalls danken möchten Autor und Verlag Andreas Bunkus *(www.visitsweden.com)* für seine wertvollen Tipps sowie Gabriella Saxner Johansson von AB Göta kanalbolag *(www.gotakanal.se)* und Elisabet Corengia von Malmö Turism *(www.malmo.se)* für ihre freundliche Hilfe bei der Bereitstellung von Bildmaterial.

Inga Lindström:
Romantik pur auf DVD!
Genießen Sie über 16 Stunden Inga Lindström!
Inga Lindström Collection
Collection 1 Inga Lindström
Sprung ins Glück
Im Sommerhaus
Das Geheimnis von Svenaholm
Best.-Nr.: 82876 80776 9
Begegnung am Meer Best.-Nr.: 82876 60369 9
Der Weg zu dir Best.-Nr.: 82876 70889 9
Die Farm am Mälarsee Best.-Nr.: 82876 67055 9
Entscheidung am Fluss Best.-Nr.: 82876 69182 9
Inselsommer Best.-Nr.: 82876 67304 9
Mittsommerliebe Best.-Nr.: 82876 70890 9
Sehnsucht nach Marielund Best.-Nr.: 82876 60368 9
Wind über den Schären Best.-Nr.: 82876 60370 9
Romantische Unterhaltung von Rosamunde Pilcher, Charlotte Link und Barbara Wood finden Sie ebenfalls auf DVD unter www.universumfilm.de
universum film
ZDF video